천국의 섬, 증도

믿음이란 한 알의 밀알이 땅에 떨어져 죽음으로 많은 열매를 맺음과 같이 진리의 열매를 위하여 스스로 죽는 것을 뜻합니다. 눈으로 볼 수는 없으나 영원히 살아 있는 진리와 목숨을 맞바꾸는 자들을 우리는 '믿는'이라고 부릅니다. 「믿음의 글들」은 평생, 혹은 가장 귀한 순간에 진리를 위하여 죽거나 죽기를 결단하는 참 믿는 이들의, 참 믿는 이들을 위한, 참 믿음의 글들입니다.

순교자 문준경을 따라 걷는 길

천국의 섬, 증도

글 · 유승준
사진 · 김혜경

홍성사.

+ 차례 +

프롤로그_
 길을 찾아 헤매다 스스로 길이 된 한 여인의 이야기 009

제1장 **느림과 기다림의 섬 증도**　　　　　　　　　　　　　014
 보물섬, 증도를 아십니까? | 슬로시티가 된 빛과 소금의 섬 | 걸어서 한 바퀴, 청정 생태 탐방길 | 우거진 해송 숲에서 게이트볼을 즐기는 노인들 | 주민 90퍼센트 이상이 예수를 믿는 섬 | 사찰과 점집, 풍어제가 없는 마을 | 영원한 증도의 어머니

제2장 **결혼 첫날부터 과부가 되다**　　　　　　　　　　　　068
 여자로 태어난 죄 | 열일곱 살, 시집가자마자 생과부가 되다 | 새처럼 자유롭게 훨훨 날아서 | 소야, 소야, 너는 내 신세를 아니? | 시집에서의 유일한 기쁨 | 재봉틀과 삯바느질

제3장 **남편의 아내에서 예수의 신부로**　　　　　　　　　　102
 목포 북교동교회와 이성봉 목사 | 평양대부흥운동과 성결교회 | 머리에 오물을 뒤집어쓰다 | 마을 언덕 위에서 울려 퍼진 찬송가 | 꿈에도 그리던 경성성서학원으로 | 어린 여학생들의 큰언니가 되어 | 과부와 전도부인들

제4장 **섬마을의 여자 사도 바울 문준경**　　　　　　　　　　142
 임자도에 처음 개척한 진리교회 | 이판일 장로와 정영범 집사 | 증도에 최초로 세워진 증동리교회 | 바다 건너 대초리에 세운 세 번째 교회 | 작은 나룻배에 몸을 싣고 | 고무신 아홉 켤레

제5장 **죽어서 열매 맺는 한 알의 밀알이 되어** 182

환란과 핍박 중에도 | 비록 제가 죽을지언정 | 새끼를 많이 깐 씨암탉 | 공산당에 의해 생매장 당한 48명의 순교자 | 김구 선생 장례식 때보다 더 많이 모인 사람들 | 신안 섬마을의 테레사 수녀 | 죽어서 다시 살아난 증도의 어머니

제6장 **섬 안의 섬 병풍도** 230

원시미와 인심이 살아 있는 진짜 섬 | 병풍도에 세워진 순교기념교회 | 날마다 죽기를 소원하는 기점교회 | 노두길을 세 개나 건너야 갈 수 있는 소악교회 | 남편의 뒤를 이어 소악도를 지키는 김은미 목사 | 작은 섬 안에 학교가 세 개, 병풍도 아이들 | 섬을 지키며 살아가는 순교자의 후예들

부록 280

문준경 전도사 전도 여행 경로
증도 일대 교통 안내
증도 일대 여행 정보

묵상의 글_

"순교자 문준경 전도사를 생각하며"- 고 김준곤 목사 외 288

> 증도 일대
> 상세 지도

+ 프롤로그 +

길을 찾아 헤매다
스스로 길이 된 한 여인의 이야기

 섬은 그리움이다. 바다를 그리워하고 육지를 그리워하며 사람을 그리워한다. 자유롭게 오갈 수 없을 때 그리움은 더 애절하다. 함께인 듯해도 결국 헤어져야 할 때 그리움은 뼈에 사무친다. 바다와 섬이 그렇고, 바다와 육지가 그렇고, 바다와 사람이 그렇다. 그래서 사람들은 길을 놓았다. 육지와 섬은 다리로 연결되어 길이 되었고 섬과 섬에도 다리가 놓여 길이 만들어졌다. 그 길 위를 사람들이 지나다닌다.

 5년 전 겨울 어느 날, 나는 아내와 함께 남도의 작은 섬 증도를 처음 찾았다. 지신개선착장에서 한참을 기다려 낡은 배를 타고 도착한 증도는 신비의 섬이었다. 푸른 하늘, 고운 해변, 풍요로운 개펄, 싱그러운 바닷바람, 훈훈한 인심에 아름답고 깨끗하기 그지없는 순결한 섬. 증도를 가기 위해서는 무안에서 지도, 송도, 사옥도까지 이어진 다리를 지나 배를 타고 바다를 건너 들어가야 했다. 증도는 길 위에 놓인 섬이었다.

 증도 안에서도 드넓은 개펄을 건너기 위해서는 짱뚱어다리를 지나야 했고, 화도에 들어가려면 바다 사이에 난 노두길을 건너야 했다.

중도에 딸린 병풍도를 가려면 다시 배를 타고 들어가 작은 섬들로 이어진 노두길을 여러 개 넘어가야 했다. 보기도, 신추도, 병풍도, 대기점도, 소기점도, 소악도는 다 노두길로 이어진 섬이다. 노두길은 바닷물이 들고나는 만조와 간조 시간을 정확히 알지 못하면 건너기 여간 위험한 길이 아니다.

내가 주목한 것은 섬의 이런 외형만이 아니라 이곳 섬사람들의 독특한 내면세계였다. 중도 주민들은 90퍼센트 이상이 예수를 믿는 사람들이었다. 그들에게 산다는 것과 예수를 믿는다는 것은 구분될 수 없는 것이었다. 그것은 곧 삶 자체였기 때문이다. 중도에는 교회가 열한 개나 있었다. 2천여 명 조금 넘는 주민들이 살고 있는 섬에 교회가 열한 개라는 사실은 놀라웠다. 이들이 걸어가는 삶과 신앙의 길이 어떤 길인지 궁금하지 않을 수 없었다.

문준경이라는 한 여인을 알게 된 것도 중도에서였다. 그녀는 기구한 운명을 타고난 한 많은 여인이었다. 개펄과 노두길을 오가며 섬에서 평생을 살다 갈 가련한 인생이었다. 그런 그녀가 위대한 전도자가 되어 신안 일대 섬들에 교회를 세우고 복음을 전하는 섬마을의 어머니가 되었다. 사울이 변해 바울이 된 것처럼 그녀가 가는 곳마다 기적이 일어났다. 6·25 전쟁 당시 그녀는 스스로 순교자의 길을 걸어감으로써 많은 마을 사람들을 살려 냈다.

나는 육지와 바다와 섬으로 이어지며 그리움과 아름다움이 넘실대는 중도의 길과 중도 사람들 모두가 한마음으로 걸어가고 있는 삶과 신앙의 길을 탐구해 한 권의 책으로 만들어 내고 싶었다. 그렇게 해서 출간된 책이 바로 《천국의 섬》이었다. 이 책은 길 위의 섬인 증도와 증도를 천국의 섬으로 만든 문준경 전도사와 순교자의 후예로 그녀가 걸어갔던 고난의 길을 묵묵히 따라가고 있는 증도 사람들의 이야기를 담아낸 책이다.

　많은 사람들이 이 책을 통해 증도와 문준경 전도사에 대해 알게 되어 직접 증도를 찾았다. 그 사이 증도에는 증도와 사옥도를 잇는 증도대교가 놓여졌다. 증도는 더 이상 배를 타고 들어가야 하는 섬이 아니다. 언제든 자동차를 타고 다리만 건너면 갈 수 있는 곳이 되었다. 그뿐만 아니다. 슬로시티로 지정된 증도는 수많은 관광객이 몰려드는 명소로 각광받고 있다. 증동리에는 주민들의 숙원이던 문준경 전도사 순교기념관이 건립되어 순례자들을 맞고 있다.

　이것이 5년 만에 《천국의 섬》 개정판을 내게 된 이유다. 배를 타고 들어갈 때의 증도와 자동차를 타고 다리를 건너 들어갈 때의 증도가 어떻게 변했는지, 돌과 흙을 쌓아 올려 바다 사이에 낸 노두길이 말끔한 포장도로가 된 지금 무엇이 달라졌는지를 살펴보게 되었다. 그리고 지난번 책에서 상세히 다루지 못했던 병풍도의 모습과 섬을 지키며 살아가는 주민들의 삶을 보다 내밀하게 들여다보고자 했다.

　증도의 겉모습은 짧은 시간 동안 참 많이도 변했다. 하지만 한국의 테레사 수녀, 섬마을의 어머니, 여자 사도 바울로 불리는 문준경 전도사의 순교 정신과 그녀가 기쁨으로 걸어갔던 십자가의 길, 그리고 순교자의 후예로서 부끄럽지 않게 살면서 그녀의 뒤를 침묵으로 따르고자 하는 증도 사람들의 순종의 길에는 변한 게 없다. 아니 오히려 세월이 흘러도 결코 변하지 않는 순수한 신앙의 모습은 진한 감동을 불러일으키기에 충분하다.

시인 윤동주는 그의 시 〈길〉에서 이렇게 노래했다.

잃어버렸습니다.
무얼 어디에다 잃었는지 몰라
두 손이 주머니를 더듬어
길에 나아갑니다.

돌과 돌이 끝없이 연달아
길은 돌담을 끼고 갑니다.

담은 쇠문을 굳게 닫아
길 위에 긴 그림자를 드리우고

길은 아침에서 저녁으로
저녁에서 아침으로 통했습니다.

돌담을 더듬어 눈물짓다
쳐다보면 하늘은 부끄럽게 푸릅니다.

풀 한 포기 없는 이 길을 걷는 것은

담 저쪽에 내가 남아 있는 까닭이고,

내가 사는 것은, 다만,
잃은 것을 찾는 까닭입니다.

  이 책은 길을 찾아 헤매다 스스로 길이 된 한 여인의 이야기다. 이 책을 읽는 독자 모두 스스로 길이 된 여인 문준경 전도사를 만나 잃어버린 자신의 길을 찾게 되길 바란다. 주님이 홀로 가신 그 길, 문준경 전도사가 홀로 걸어간 그 길, 내가 홀로 걸어가야 할 그 길을 벅찬 가슴으로 발견하게 되길 기도한다.

2012년 초여름 유승준

제1장

느림과
기다림의 섬
증도

보물섬,
증도를 아십니까?

　지도를 지나 송도에서 사옥도로 이어지는 길에는 꽃나무들이 즐비하다. 검붉은 꽃망울이 처연하기까지 한 동백나무에서부터 봄 햇살을 머금은 나른한 길 위로 흰 눈처럼 쏟아지는 벚꽃나무와 여름과 가을을 이어 주는 백일홍으로 잘 알려진 배롱나무에 이르기까지 남도의 사계절은 온통 꽃길이다. 게다가 이국적 정취를 물씬 풍기는 야자수마저 더해지면 증도에 이르기도 전에 여행자는 꽃과 나무에 먼저 취해 버린다.

　예전 같으면 증도 가는 배를 타기 위해 차들이 길게 꼬리를 물고 늘어서 있으련만 5년 만에 다시 찾은 지신개선착장은 옛 영화를 잊은 듯 쓸쓸할 만큼 고요했다. 지신개선착장에 이르기 전 왼쪽으로 새로 난 길을 따라 돌아가니 웅장하게 세워진 증도대교가 나타났다. 증도에 들어서는 손님들을 맨 처음 맞는 건 길 양쪽에 놓인 농게 형상의 조형물이다. 농게는 개펄에 사는 작은 게로 짱뚱어와 더불어 증도의 상징이다.

　증도대교는 2005년부터 공사를 시작해 5년 만에 지어졌다. 예쁜 아치형 모양의 다리는 길이가 900미터에 이른다. 왕복 2차선 다리 양쪽

증도의 관문이자 상징이 된 증도대교.
이 작은 다리 하나가 섬사람들의 삶과 문화를 획기적으로 바꾸어 놓았다.
다리 앞에 세워진 정자나 다리 중간에 마련된 쉼터에서
바다로 해가 떨어지는 광경을 감상하는 것도 색다른 경험이다.

끝과 중간에는 노을 지는 풍경을 감상할 수 있도록 주차 공간이 마련되어 있다. 이 크지도 않은 다리 하나가 증도의 역사와 문화를 순식간에 뒤바꿔 놓았다. 오랜 세월 섬으로 존재해 왔던 증도가 이제 어엿한 육지 대접을 받기에 이른 것이다. '상전벽해'桑田碧海란 바로 이런 데 두고 하는 말이었다.

다리를 건너면 섬 입구에 입장료를 받는 초소 하나가 등장한다. 어른은 1,000원, 청소년은 800원, 어린이는 500원을 내야 증도에 들어갈 수 있다. 자연 경관을 보호하기 위해 신안군에서 입장료를 받는 것인데, 입장료를 내면 친환경 쓰레기봉투 하나씩을 건넨다. 섬을 오염시키지 말고 쓰레기를 모았다가 나갈 때 증도대교 앞에 마련된 쓰레기통에 버리고 가라는 뜻이다. 섬 입장객에 대한 통계도 이 초소를 통해 이루어진다.

초소를 지나 직진하면 가장 먼저 눈에 띄는 것이 고향식당이다. 지금은 여기저기 식당과 펜션이 많이 들어서 있지만 불과 5년 전만 해도 이렇다 할 숙소와 식당이 없던 증도에서 고향식당은 여행객들의 허기를 마음껏 채워 주던 독보적인 곳이었다. 주인아주머니의 푸짐하면서도 맛깔스러운 솜씨는 '음식은 과연 남도가 최고'라는 말이 저절로 나오게 했다. 증도대교가 완공되면서 이제 고향식당은 증도의 문패 같은 식당이 되었다.

중심가를 지나 증동리 앞바다에 이르면 탁 트인 바다가 눈을 통해 가슴속까지 밀려든다. 긴 여행의 피곤함이 눈 녹듯 사라지는 순간이다. 양팔을 들어 마음껏 바닷바람을 들이키면 온몸이 짜릿해진다. 바

소금에게 태양은 아버지 같은 존재고 염부는 어머니 같은 존재다.
태양 때문에 소금이 만들어지지만 염부들의 손길이 닿지 않으면
질 좋은 소금이 만들어질 수 없다.
한여름 작업이 한창인 염전에 앉아 놀고 있는 아이들 얼굴에서
한 떨기 소금 꽃을 보았다.

다는 육지에서의 고단한 삶에 지친 몸과 마음을 가만히 달래 주는 어머니 품 속 같은 존재다.

　남도는 섬들의 낙원이다. 우리나라 섬의 6할이 남도에 몰려 있다. 그중에서도 신안은 섬으로만 이루어진 고장이다. 신안군에 따르면 군내에 있는 섬이 모두 1,004개에 이른다고 한다. 그래서 신안군을 다른 말로 '천사의 섬'이라 부르기도 한다. 그런데 이 수많은 섬 가운데 왜 하필 증도를 '보물섬'이라고 부르는 것일까? 정말 섬 여기저기 보물이 숨겨져 있는 것일까?

　증동리 앞에 펼쳐진 130만 평에 달하는 광활한 게르마늄 개펄은 증도 최고의 보물이라고 할 수 있다. 이 개펄 위로 영화의 한 장면처럼 아름다운 짱뚱어다리가 놓여 있고, 드넓은 개펄에서는 짱뚱어와 농게가 자유롭게 헤엄을 친다. 짱뚱어는 바다의 메뚜기라고 불리는데, 양쪽 지느러미를 다리처럼 사용하면서 기어 다니다가 갑자기 펄쩍 뛰어올라 저만치 달아나기 때문에 붙여진 별명이다. 개펄에는 왜가리도 많다. 왜가리들은 짱뚱어와 농게를 바라보다가 이들의 움직임에 깜짝 놀라 퍼드덕 날아오른다. 게르마늄 개펄은 미네랄, 알긴산이 풍부해서 피부 노화를 방지하고 보습 효능이 탁월하다고 한다. 폭 2미터에 길이 470미터에 달하는 그림 같은 짱뚱어다리 위에서 저녁놀을 바라보거나 불빛으로 물든 야경을 감상하다 보면 좀처럼 자리를 뜨기가 어렵다.

　증도는 예로부터 물이 귀한 섬이었다. 사람들은 증도를 시리섬(시루섬)이라고 불렀다. 바닥에 구멍이 여러 개 나 있어 아무리 물을 부어도 곧바로 물이 빠져나가는 시루처럼 물이 마른 고장이라는 뜻이다. 그래서 시루를 뜻하는 '증'甑 자를 써서 증도가 되었다.

한편 예전에는 증도가 세 개의 섬으로 나뉘어 있었다. 그때는 대초리를 앞시리, 증동리를 뒷시리라 불렀다. 그러다가 세월이 지나 이 세 개의 섬들이 합쳐져 하나의 행정구역으로 편성되면서 '더하다'는 뜻의 '증'曾 자를 써서 증도라고 부르게 되었다.

증동리에서 방축리를 지나 해안도로 끝까지 가면 신안해저유물발굴기념비를 볼 수 있다. 1976년 도덕도 앞바다 서북 방향 2.75킬로미터 지점에서 어부들이 그물을 끌어 올리다가 도자기를 발견한 이후 대대적인 유물 발굴 작업이 이루어진 곳이다. 이곳에서 청자, 배의 파편, 엽전, 바둑판 등 14세기 송·원대 유물 2만 3천여 점이 발굴되었다. 이때부터 사람들은 증도를 '보물섬'이라고 불렀다.

보물섬 전망대에 올라 동백꽃과 소나무 숲이 우거진 아름다운 증도를 내려다보면 바닷속에서 발견한 보물 때문에 보물섬이 아니라 천혜의 자연과 이를 소중히 가꿔 온 소박한 사람들 때문에 증도가 보물처럼 빛나는 섬이라는 걸 가슴으로 느낄 수 있다.

보물섬 전망대로부터 중국 상하이는 450킬로미터, 홍도와 흑산도는 87킬로미터, 제주도는 180킬로미터 떨어져 있다고 적혀 있다. 보이지는 않지만 날씨 좋을 때는 홍도와 제주도가 어디쯤 있는지 한 번쯤 두리번거리게 된다.

이곳은 한반도에서 가장 아름다운 일몰을 볼 수 있는 곳으로도 유명하다. 바위에 부딪혀 들려오는 장엄한 파도 소리와 함께 이글거리는 태양이 바닷속으로 서서히 침몰하는 광경을 바라다보면 대자연의 신비에 저절로 탄성이 쏟아진다. 보물섬 전망대 앞바다로 빨려 들어간 태양은 다음 날 아침이면 증도대교와 태평염전이 있는 바다 사이로 또다시 떠오른다.

보물섬 전망대에서 아래쪽으로 내려가면 '독살 체험장'이라는 푯말이 눈에 들어온다. 언뜻 봐서는 도무지 무슨 말인지 알 수가 없다. 한편으로는 괜히 으스스한 분위기까지 느껴진다. 여기서 '독살'이란 '독약을 먹이거나 독을 써서 사람을 해친다'는 뜻이 아니다. 밀물에 휩쓸려 들어온 물고기들이 썰물 때 빠져나가지 못하도록 갯벌에 돌담을 쌓아 두었다가 물고기를 잡는 전통적인 방식을 '독살'이라고 한다. 섬을 찾은 관광객들이 이런 방식으로 물고기를 잡을 수 있도록 만들어 둔 곳이다.

얕은 갯벌에 바다 쪽으로 길그물을 설치하고 그 끝에 사각형의 통그물을 설치해서 물고기를 잡는 방법을 '덤장'이라고 하며, 갯벌에 소나무 말목을 반타원형으로 박고 그물을 둘러 물고기를 잡는 방법을 '개막이'라고 한다. 이런 전통적인 방식의 고기잡이는 한겨울을 제외하고 연중 어느 때나 가능해서 섬 주민들의 짭짤한 소득원이 되었다.

아름다운 증도의 해안도로를 따라 드라이브를 즐길 때는 이에 걸맞은 음악이 있으면 좋다. 비발디의 플루트 협주곡 '바다의 폭풍'은 아주 적절한 곡이다. 경쾌한 바이올린 선율은 개펄에서 자유롭게 짱뚱어가 뛰노는 모습을 생각나게 하며, 부드러운 플루트 연주는 바닷바람이 귓가를 간질이는 듯 은은하다.

면사무소 뒷길을 따라 20분 정도 올라가면 상정봉이 나타난다.
여기서 우전해수욕장을 바라다보면 한반도 모양을 쏙 빼닮은 해송 숲을 볼 수 있다.
상정봉에서 염산 마을이 내려다보이는 쪽에
문준경 전도사가 홀로 기도했다는 기도처가 있다.

슬로시티가 된
빛과 소금의 섬

증도는 금연의 섬이다. 증도대교 앞에 있는 농게 형상을 가만 살펴보면 집게로 담배를 끊어 버리는 모양새다. 섬에 들어가기 전 담배를 끊을 각오를 하라는 의미다. 담배를 피우다 적발된다고 해서 강력한 제재가 가해지는 건 아니지만 섬을 사랑하는 마음으로 담배를 피우지 말아 줄 것을 호소하고 있는 것이다.

또한 증도는 자전거의 섬이다. 될 수 있으면 증도대교 앞에 마련된 대형 주차장에 타고 온 차를 세워 두고 자전거를 빌려 섬 여행을 할 것을 권장하고 있다. 이 역시 강제성을 띤 것은 아니어서 잘 지켜지지는 않지만 섬을 아름답고 깨끗한 무공해 지역으로 만들려는 주민들의 의지가 반영된 조치다. 여름철 피서객이 몰릴 때는 느리게 가는 전기차와 말이 끄는 마차가 섬 곳곳을 다니며 사람들을 실어 나른다.

이렇듯 증도가 금연과 자전거의 섬을 지향하게 된 것은 2007년 12월 섬 전체가 슬로시티 slow city로 지정되었기 때문이다. 슬로시티는 1986년 패스트푸드에 반대해 확산된 슬로푸드 운동이 모태가 되어 1999년 이탈리아의 그레베 인 키안티에서 몇몇 시장들이 모여 만든 느린 마을 만들기 운동에서 시작되었다. 고유한 자연환경과 전통을 지키면서 그 지역의 먹을거리와 독특한 문화를 유지하며 살아가는 마을의 새로운 이름인 것이다.

슬로시티는 '유유자적한 도시, 풍요로운 마을'이라는 뜻의 이탈리아어 치타슬로cittaslow의 영어식 표현이다. 국제슬로시티연맹본부는 이탈리아 오르비에토에 있으며, 현재 전 세계 24개국 147개 도시가 가입되어 있다. 아시아에서는 처음으로 증도와 함께 전남 담양군 창평면, 장흥군 유치면과 장평면, 완도군 청산도 등 네 개 지역이 슬로시티로 인증을 받았다. 이후 몇 곳이 추가되어 우리나라는 하동군 악양면, 예산군 대흥면, 전주 한옥마을, 남양주시 조안면, 청송군 파천면, 상주시 이안면 등 모두 열 곳이 슬로시티로 지정되어 있다.

증도가 아시아 최초로 슬로시티에 선정되었다는 것은 그만큼 섬이 오염되지 않은 깨끗한 자연을 보존하고 있으며, 독특하면서도 고유한 삶의 풍습을 이어 가고 있다는 증거인 셈이다. 따라서 증도에 갈 때는 담배를 버려둔 채, 걷거나 자전거를 타고 둘러볼 각오로 가는 게 증도를 대하는 겸허하고 진지한 자세가 아닐까 생각한다.

슬로시티 운동의 상징은 마을을 등에 지고 기어가는 느림의 대명사 작은 달팽이다. 증도 곳곳에는 달팽이 그림과 함께 '느리게'라는 구호가 붙어 있다. 조급히 서두르지 말고 여유로운 마음으로 느림의 미학과 기다림의 철학을 즐겨 보기를 권하는 것이다.

증도대교를 건너 왼쪽으로 난 길을 따라 달팽이 그림을 쫓아가다 보면 가장 먼저 맞닥뜨리는 것이 광활한 소금밭이다. 이곳이 바로 그 유명한 태평염전이다. 강인한 생명력을 가진 섬 증도의 보물은 다름 아닌 이 소금이다.

이렇게 작은 섬에 우리나라에서 제일 큰 단일 염전이 있다는 사실이 좀처럼 믿기지가 않는다. 140만 평에 달하는 태평염전에서는 매년 1만 6천여 톤의 천일염을 생산해 낸다. 이는 우리나라 천일염 생산량의 60퍼센트에 이르는 양이다. 천일염은 바닷물을 염전에 모아 햇살과 바람으로 말려 생산하는 친환경 무공해 소금이다. 천일염은 염화나트륨, 칼륨, 코발트, 요오드, 망간, 아연 등 80여 종의 미량원소가 함유되어 있는 미네랄의 보고다.

증도 태평염전에서 생산하는 소금은 천일염 중에서도 최상으로 친다. 증도의 개펄은 전국에서 게르마늄 함량이 가장 높고 입자도 미세하다. 바닷물이 증도의 드넓은 개펄을 거쳐 염전으로 흘러오는 동안 개펄 속에 있는 수많은 미네랄들이 바닷물과 함께 흘러드는 것이다. 이 미네랄들은 고스란히 소금에 담겨 보석처럼 빛나는 소금 꽃으로 피어난다.

수십 년 전만 해도 증도는 거대한 개펄을 사이에 두고 전증도와 후증도로 나뉘어 있었다. 밀물 때면 이 개펄은 바다가 되고, 썰물 때면 겨우 개펄이 드러나 '노두'라고 불리던 돌 징검다리로 건너다녔다. 그러다가 1953년, 전쟁 피란민들을 정착시키기 위해 개펄에 둑을 쌓아 염전을 만든 것이다. 염전의 역사는 50년이 훨씬 넘는다.

증도는 빛과 소금의 땅이다. 남도의 따뜻한 태양은 증도를 풍요로운 땅으로 만들었다. 섬인데도 쌀농사가 잘되고, 마늘, 양파 등 밭농사도

소금박물관 뒤편으로 오래된 소금창고들이 나란히 자리하고 있다.
이 창고들이 한여름 땡볕을 받아 배를 불렸다가
곱고 건강한 소금을 탄생시키는 조산원이다.
염전 주변으로 소금처럼 하얗게 피어난 삐비꽃이 보인다.
"삐리리리……" 소리가 들리는 듯하다.

잘되며, 봄에는 밴댕이와 병어, 여름에는 민어와 짱뚱어, 가을에는 농어, 그리고 겨울에는 숭어가 많이 잡힌다. 어느 섬보다 어족이 풍부하고 다양한 편이다. 그 밖에 김, 미역, 꼬막도 풍성하다.

소금은 태양으로 잉태된, 하늘이 내린 먹는 보석이다. 버지선착장에서 왼쪽 길을 따라 대초리 방향으로 가다 보면 길가에 나란히 늘어선 허름한 목재 창고들을 볼 수 있다. 이 창고들이 한여름 땡볕을 받아 배를 불렸다가 곱고 건강한 소금을 탄생시키는 조산원이다. 이 조산원이 만원이 될 때까지 염부들이 땀방울을 가장 많이 흘리는 계절이 유월이다. 따라서 유월에 생산되는 소금이 제일 맛이 좋다.

염전 주변으로 여름철이면 삐비꽃이 바다처럼 피어난다. 하얀 꽃송이들이 바람에 이리저리 흔들릴 때면 마치 파도가 밀려드는 것처럼 보인다. 삐비꽃이 꽃을 피우기 전 껍질을 벗겨 내고 연둣빛이 감도는 꽃을 먹기도 한다. 염전에서 피어난 소금 꽃이 태양 아래 눈부시게 반짝거릴 무렵 하얀 삐비꽃잎들이 바람에 날아다니는 개펄 풍경은 황홀하기 그지없다.

버지선착장 가는 길에 현대식으로 지어 놓은 멋진 건물이 하나 보인다. 태평염전에서 만든 솔트레스토랑이다. 섬에 어울리지 않을 정도로 잘 꾸며진 실내에서 천일염과 유기농 함초를 사용해서 만든 다양한 요리를 맛볼 수 있는 근사한 식당이다. 증도의 검은 개펄과 바다 그리고 멀찌감치 보이는 증도대교를 바라보며 느긋하게 식사를 즐길 수 있다. 이름은 솔트레스토랑이지만 음식이 짠 건 아니다.

솔트레스토랑 옆에는 소금동굴 힐링센터가 있다. 입장료만 내면 누구나 들어가 소금동굴에서 찜질을 할 수 있으며 음악과 함께 몸에 좋은 명상을 즐길 수 있다. 이미 1800년대부터 동유럽에서는 소금광산의 천연 소금동굴이 치료 요법으로 사용되기 시작했다고 한다. 20~23도의 상온에서 미세한 소금 입자를 호흡할 수 있어 치유 효과가 있고 미용에 좋으며 심리적 안정을 얻을 수 있다. 은은한 조명 아래 하얀 소금이 신비한 분위기를 연출해 준다.

솔트레스토랑에서 대초리 쪽으로 돌로 지은 오래된 집 한 채가 보인다. 역시 태평염전에서 만든 소금박물관이다. 국내 유일의 소금박물관인 이곳에는 소금에 대한 다양한 지식과 정보가 전시되어 있다. 태평염전과 역사를 같이하는 이 박물관은 우리나라에 하나밖에 없는 돌로 지은 소금창고다. 초창기 소금창고를 개조해서 박물관으로 만든 것이다. 문화재청에서는 이런 희소성과 가치를 인정하여 이 건물을 근대문화유산으로 지정하였다.

소금박물관에서부터 소금창고를 따라 펼쳐진 염전 습지에 개정향풀, 벌노랑이, 칠면초, 나문재 등 수많은 염생식물들이 자생한다. 이 중 함초라고 불리는 퉁퉁마디는 미네랄 함유량이 매우 높아 약용으로도 쓰이는데, 증도에서는 천일염을 만드는 재료로 요긴하게 사용되고 있다. 갯벌 여기저기 만들어진 물망초 군락지에는 지름이 2~3센티미터 정도 되는 우렁이가 옹기종기 모여 산다. 이곳 전체가 염생식물원으로 조성되어 있다.

소금박물관 앞에 있는 '주전부리'라는 재미있는 이름의 가게에서는 천일염 아이스크림을 만들어 판다. 아이스크림 위에 다양한 맛과 빛

소금창고 안은 한밤중처럼 어둡다.
천장에 뚫린 구멍 사이로 가느다란 빛이 들어왔다.
그 빛에 소금을 비춰 보니 소금 알갱이들이
보석처럼 반짝반짝 빛났다.

깔을 내는 소금을 뿌려 주는데, 그 맛이 기막히다. 천일염 아이스크림을 먹으며 가게 뒤로 난 산길을 조금 오르면 소금밭 낙조전망대가 나타난다. 드넓은 태평염전과 갯벌 그리고 낙조의 절경을 한눈에 감상할 수 있는 곳이다.

걸어서 한 바퀴, 청정 생태 탐방길

대초리를 지나 우전리로 접어들면 잘 자란 소나무 군락지가 나타난다. 여기가 증도의 자랑 중 하나인 천년의 숲 산책로다. 증동리 뒷산 상정봉에서 내려다보면 해송 숲의 모양새가 꼭 한반도 모양을 닮았다고 해서 더욱 유명해졌다. 소나무 길을 따라 천천히 걷기만 해도 저절로 삼림욕이 되는 곳이다. 소나무 개체 수가 10만 그루에 이른다고 한다.

소나무 숲 너머로 펼쳐진 눈부신 백사장은 우전해수욕장이다. 우리나라 유일의, 뻘과 모래가 뒤섞인 해수욕장으로 길이가 4킬로미터에 폭이 100미터에 이른다. 매년 7월 중순부터 8월 중순까지 개장한다. '우전'羽田이란 '새 깃털 밭'이란 뜻이다. 예로부터 이곳은 기러기 떼가 한겨울을 지내고 간다고 해서 '깃밭'이라 불렸다. 그만큼 갯벌에 영양분이 풍부하며 생명이 살아 숨 쉬는 건강한 땅이라는 의미이기도 하다.

산책은 엘도라도 리조트에서 시작해도 되고 반대편인 짱뚱어다리 쪽부터 시작해도 좋다. 엘도라도 리조트에서 시작되는 산책로에는 '철학의 길'이라는 이름이 붙어 있다. 철학하는 마음으로 걸을 필요까지

증도는 어딜 가도 소나무 천지지만 특히 산책로로 추천할 만한 곳은
엘도라도 리조트에서 짱뚱어다리까지 이어지는 천년의 숲 산책로다.
바닷바람을 맞으며 10만 그루의 소나무와 함께 걷다 보면
누구나 시인이 되고 철학자가 된다.

는 없어도 뭔가 삶의 의미와 가치를 생각하며 걸으면 좋을 길이다. 겨울에는 바닷바람이 매서우므로 단단히 껴입고 길을 나서야 하지만 여름에는 발끝에 닿는 모래의 부드러운 촉감을 만끽하기 위해서라도 맨발로 걷는 게 좋다.

  파도 소리와 소나무 향기, 온갖 새들의 지저귐에 취해 걷다 보면 아름다운 시가 적혀 있는 돌비석이 눈에 들어온다.

    소금이
    바다의 상처라는 걸
    아는 사람은 많지 않다.
    소금이
    바다의 아픔이라는 걸
    아는 사람은 많지 않다.
    세상의 모든 식탁 위에서
    흰 눈처럼
    소금이 떨어져 내릴 때
    그것이 바다의 눈물이라는 걸
    아는 사람은
    많지 않다.
    그 눈물이 있어
    이 세상의 모든 것이
    맛을 낸다는 것을

류시화 시인의 〈소금〉이라는 시다. 소금의 섬인 증도에서 읽는 이 시의 느낌은 남다르다.

맑은 하늘을 향해 쭉쭉 뻗은 소나무를 따라 굽이굽이 길을 걷다 보면 솔잎이 떨어져 내려 비단처럼 깔려 있는 숲길 사이사이로 작은 탁자와 의자를 발견할 수 있다. 잠시 쉬어 가는 곳이다. 음료수나 과일 혹은 간단한 도시락을 준비했다면 여기에 앉아 먹고 가면 된다. 소풍이 따로 없다. 뭘 준비했든 꿀맛이다. 먹을 것과 마실 것을 아무것도 준비하지 않았다면 황홀한 풍경과 바람과 냄새를 오감을 통해 마음껏 들이켜도 그만이다.

우전해수욕장부터는 '망각의 길'이라는 이름이 붙어 있다. 모든 것을 털어 버리고 무념무상으로 자신을 내려놓는 길이다. 도시인들은 너무 많은 것을 생각하고 짊어지고 끌어안은 채 살아가기에 그 자체가 병이 되고 있다. 증도에서는 이 모든 시름과 걱정을 다 잊고 빈 마음으로 걸어 보는 게 좋다.

마음을 비운 채 걷다 보면 곽재구, 마리 올리버, 용혜원, 이해인 수녀 등이 자신의 시를 품에 안고 우리를 맞아 준다. 이 얼마나 융숭한 대접인가. 증도에서만 누릴 수 있는 호사다. 김남조 시인은 〈겨울 바다〉라는 시로 낯선 손님을 맞는다.

겨울 바다에 가 보았지

미지未知의 새

보고 싶던 새들은 죽고 없었네.

그대 생각을 했건만도

매운 해풍에

그 진실마저 눈물져 얼어 버리고

허무의 불 물이랑 위에

불붙어 있었네.

나를 가르치는 건

언제나 시간

끄덕이며 끄덕이며 겨울 바다에 섰었네.

남은 날은 적지만

기도를 끝낸 다음 더욱 뜨거운

기도의 문이 열리는

그런 영혼을 갖게 하소서.

겨울 바다에 가 보았지

인고忍苦의 물이

수심水深 속에 기둥을 이루고 있었네.

1장
—
그리움과
기다림의
섬
증도

어느새 짱뚱어다리 앞 광장에 이르러 로버트 리 프로스트의 시 〈가지 않은 길〉을 읽노라면 천년의 숲 산책길의 절반을 걸어온 셈이다. 다시 엘도라도 리조트까지 왔던 길을 되돌아가면 증도에서 가장 아름다운 산책을 마치게 된다. 모두 네 구간으로 나뉜 산책로의 전체 길이는 9.1킬로미터다. 천천히 느리게 걸으면 세 시간 정도 걸리는 거리다.

천년의 숲 산책로가 아니더라도 증도는 섬 전체가 산책로다. 노을이 아름다운 사색의 길, 보물선 순교자 발자취 길, 갯벌 공원의 길, 천일염의 길 등 증도 일주 코스가 다섯 개 구간으로 나뉘어 있다. 이야기가 있는 문화 생태 탐방로를 따라 하루 종일 걷다 보면 증도를 일주할 수 있다. 걷는 게 부담스러우면 자전거를 타고 섬 일주를 해보는 것도 의미 있는 경험일 것이다. 느리게 사는 즐거움을 맛볼 수 있는 곳, 그곳이 바로 증도다.

우거진 해송 숲에서 게이트볼을 즐기는 노인들

과거 시골 마을의 겨울 풍경은 적막하고 황량했다. 농촌은 말할 것도 없지만 어촌도 마찬가지였다. 꽁꽁 얼어붙은 논과 밭에 나가 봐야 할 일도 없었고, 강이나 바다에 나가도 잡을 만한 고기가 없었다. 긴긴 겨울 보릿고개 때마다 주린 배를 움켜쥐던 그 시절에 남자들이 할 일이라고는 후미진 사랑채에서 막걸리를 받아다 마시며 화투나 투전에 몰두하는 게 전부였다. 집집마다 규모는 달라도 노름빚 없는 집이 없을 정도였다.

지금은 물론 사정이 많이 달라졌다. 겨울에도 비닐하우스를 통해 고소득 농작물을 재배하고, 지역마다 특산품을 개발해서 겨울에도 일거리가 계속 있으며, 각종 양식업이 발달해서 사시사철 웬만한 생선은 때를 가리지 않고 먹을 수 있는 세상이 되었다.

하지만 아직도 시골에 가면 화투판이나 투전판이 심심치 않게 벌어지는 걸 목격할 수 있다. 달리 여가 시간을 보낼 마땅한 도구나 방법이 없기 때문이다. 노인이나 시골 사람들이 모여서 함께 즐길 만한 건전한 놀이 문화가 절실하게 필요한 이유가 여기에 있다.

우전해수욕장으로 들어가는 길 오른쪽에는 잘 단장된
잔디 축구장이 있고 축구장 옆에는 게이트볼 경기장이 있다.
이 경기장에서는 매일같이 게이트볼 경기가 열린다.
지나다 보면 남녀 노인들이 짝을 지어 경기에 몰두하는 모습을 자주 볼 수 있다.

증도에는 화투를 치거나 투전판을 벌이는 사람들이 없다. 예수 믿는 사람들이 많은 마을에서 화투판이나 투전판이 벌어질 일도 없겠지만 그보다 훨씬 더 재미있고 건강에도 좋은, 건전한 놀이를 즐기고 있기 때문이다.

우전해수욕장으로 들어가는 길 오른쪽에는 잘 단장된 잔디 축구장이 있다. 연단도 그럴싸하고 야간 조명 시설까지 갖춰져 도시에 있는 여느 월드컵 축구장이 부럽지 않을 정도다. 축구장 옆에는 게이트볼 경기장이 있다. 이 경기장에서는 매일같이 게이트볼 경기가 열린다. 지나다 보면 노인들이 짝을 지어 경기에 몰두하는 모습을 자주 볼 수 있다.

게이트볼은 'T' 자형 스틱으로 공을 쳐서 경기장 안에 있는 세 곳의 게이트를 차례로 통과시킨 다음 폴에 맞히는 운동 경기다. 마치 당구와 골프를 합쳐 놓은 듯 보이는 이 운동은 과격하지 않으면서 재미가 있어 특히 노인들에게 인기가 많다.

축구장과 게이트볼 경기장 주변은 온통 해송으로 둘러싸여 있다. 하늘은 높고 푸르며, 바닷바람은 시원하고, 해송이 제공하는 달콤한 향내에 공기까지 최상이니 주변 환경만 본다면 세상에서 가장 멋지고 완벽한 경기장을 갖춘 셈이다. 이런 곳에서 매일 운동을 하니 증도 사람들이 오래오래 건강하게 사는 것은 어쩌면 당연한 일인지도 모른다.

잔디 축구장과 게이트볼 경기장이 우전리에만 있는 건 아니다. 방축리 해안도로 아래 해변을 따라 내려가면 또 하나의 잔디 축구장과 게

이트볼 경기장이 나타난다. 이 작은 섬에 천연 잔디 축구장과 게이트볼 경기장이 두 개씩이나 있다는 건 놀라운 일이다. 방축리교회 교인들은 매 주일 오후 예배가 끝나면 이곳에 모여 축구를 하고 게이트볼을 즐긴다. 경기 후엔 아예 저녁 식사까지 하고 헤어진다니 마을 전체가 한 가족이나 다름없다.

증도 주민들의 생활수준은 시골치고는 넉넉한 편이다. 섬 전체가 깨끗하고 여유가 넘치는 것은 주민들의 삶이 그만큼 풍요롭다는 증거다.

증도에 있는 열한 개 교회 중에 여섯 개 교회가 외부의 재정적 도움을 받지 않아도 되는 자립 교회다. 재정 자립도가 50퍼센트를 넘는다. 이것도 예사롭지 않은 일이다. 지난 10여 년 동안 개신교 신자가 많이 줄어들면서 교회를 개척하는 일이 너무 힘들어졌고, 농어촌 교회의 재정 자립도는 심각하게 낮아졌다. 웬만한 농어촌 교회는 외부의 지원이 없으면 목회 활동을 하기가 어려운 게 현실이다. 섬 지방 사정은 더욱 나쁘다. 이런 상황 속에서 증도에 있는 교회들이 상당한 재정 자립도를 유지하고 있다는 것은 주목할 만한 일이다.

재정 자립이 가능한 여섯 개 교회는 그렇지 않은 나머지 교회들을 찾아 정기적으로 후원하며 돌본다. 이처럼 서로 돕고 섬기는 증도 교회들을 보면 거리나 형편상 교회를 열한 개로 나눠 분리했을 뿐이지 사실상 한 교회 같다는 생각이 든다.

증도 교회의 특징은 대부분 오전 10시 30분에 주일 예배를 드리고 나서 다 함께 식사를 한다는 것이다. 대개 예배당 옆에 자그마한 식당 건물이 마련되어 있다. 직접 농사지은 쌀로 밥을 해서 바닷가에서 잡은 생선이나 굴 요리에 얼큰한 국과 밑반찬을 곁들이니 어느 교회를 가도 식탁이 기름지고 풍성하다. 이렇게 한 상에 둘러앉아 함께 밥을 먹으면 따로 모여 당회나 제직회를 할 필요가 없지 않을까 싶을 정도로 분위기가 화기애애하다.

증도 사람들의 때 묻지 않은 순수한 마음씨는 예배 시간에 고스란히 드러난다. 담임 목회자의 설교 시간에 수없이 "아멘!" 소리가 나오는 것은 물론이고, 웃고 울면서 설교에 즉각적으로 반응한다. 찬송을 부를 때는 너 나 할 것 없이 큰 목소리로 찬양을 따라 하면서 힘껏 박수를 친다.

성가대는 여자들뿐이다. 남자 성가대원이 없다. 지휘자도 없다. 반주자와 성가대원들만 있을 뿐이다. 하지만 주눅이 들거나 쭈뼛거리는 기색이 전혀 없다. 찬양 시간이 되면 대원 중 리더의 신호에 맞춰 일제히 일어나서 반주자의 피아노 연주를 따라 노래를 시작한다. 다 아는 찬송가 곡이지만 너무도 씩씩하고 우렁차게 부르니 감동을 받지 않을 수가 없다.

증동리교회에서는 찬양 시간이 되자 웬 할머니 한 분이 피아노 앞으로 걸어 나갔다. 그러고는 힘차게 피아노 연주를 시작했다. 젊은 성가대원들은 할머니의 연주에 맞춰 열심히 노래를 불렀다. 흰머리에 비녀를 꽂은 할머니가 피아노 연주를 하는 모습을 보는 것만으로도 가슴 한편에서 커다란 감동의 물결이 일렁였다.

우전해수욕장에서 우전리 방향으로 조금 더 들어가다 보면 오른쪽으로 마치 하와이나 괌에서 봤던 것 같은 멋들어진 건물들이 잇따라

해안 절벽 위로 그림처럼 아름답게 지어진 엘도라도 리조트는
주변 경관이 뛰어나고 조경도 잘돼 있으며
해변이 우전해수욕장과 바로 연결되어 있다.
밤에도 조명을 밝혀 놓았기 때문에
산책을 하거나 밤바다를 구경하기에 더없이 좋다.

나타난다. 여기가 바로 엘도라도 리조트다. 깎아지른 해안 절벽 위로 그림처럼 아름답게 지어진 이 리조트는 갖가지 시설을 갖춘 객실이 15평부터 46평까지 수백여 개나 마련되어 있으며, 해수온천, 사우나, 야외 풀장, 공연장, 요트, 수상스키, 바다낚시 등 다양하게 즐길 수 있는 각종 해양 레포츠 시설을 갖추고 있다.

주변 경관이 워낙 뛰어나고 조경도 잘돼 있어 가족 단위로 한번 마음먹고 후가를 떠난다면 비용은 조금 부담스럽지만 들러 볼 만한 곳이다. 엘도라도 리조트 앞 해변이 우전해수욕장과 연결되어 있어 걸어서 해수욕장까지 갈 수 있다. 밤에도 주변에 조명을 밝혀 놓았기 때문에 산책을 하거나 밤바다를 구경하기에 더없이 좋다. 처음 가 본 사람이라면 이 외진 섬에 어떻게 이렇게 화려하고 세련된 리조트가 있을까 깜짝 놀랄 것이다. 회원제로 운영되지만 예약을 하면 회원이 아니라도 누구나 이용할 수 있다.

엘도라도 리조트 옆에는 신안갯벌센터와 슬로시티센터가 있다. 해양 생태계의 보고이자 생명의 터전인 갯벌을 널리 알리고 보호하기 위해 신안군에서 건설한 전시관이다. 전시관 안에는 갯벌전시실, 갯벌체험학습실, 갯벌상품전시관, 영상실, 전망대, 정보검색실, 회의실 등이 마련되어 있다. 전시관을 꼼꼼히 돌면서 살펴보면 갯벌이 어떻게 생겨났으며, 갯벌에는 어떤 종류가 있고, 무슨 생물들이 살아가고 있는지 일목요연하게 알 수 있다.

아이들과 함께 증도를 찾은 부모들이라면 이 두 센터를 꼭 들러 볼 것을 권한다. 전시관이 알차게 꾸며져 있기 때문에 바다와 갯벌에 대해 좋은 공부가 될 것이다. 아이들뿐만 아니라 어른들도 많은 것을 배울 수 있다.

'갯벌'은 뭐고, '개펄'은 뭘까? 같은 말일까, 다른 말일까? 전시관에 설명된 대로 이야기하자면 '갯벌'은 '바닷물이 드나드는 모래톱 또는 그 주변의 넓은 땅'을 말하며, '개펄'은 '갯가의 개흙이 깔린 벌판'을 말한다. 갯벌이 개펄을 포함하는 더 넓은 의미의 말이다.

주민 90퍼센트 이상이 예수를 믿는 섬

증도는 깨끗한 섬이다. 우리나라에 있는 수많은 섬 가운데 이만큼 오염되지 않은 섬도 드물 것이다. 얼마 전만 해도 면사무소가 있는 증동리 안에 몇 개의 식당과 여관이 있을 뿐, 어지러운 간판의 업소들이 별로 없어 바닷가 어디를 가도 청정한 풍경뿐이었다. 슬로시티로 지정되고 증도대교가 놓인 이후 관광객이 몰려들면서 경치 좋은 곳에 그럴싸한 펜션과 민박집이 들어섰고 외지인을 상대하는 식당과 가게도 하나둘 늘어났다. 예전에 없던 중국집까지 생겨났다. 그렇지만 아직까지는 다른 섬들에 비해 조용하고 군더더기가 없는 편이다.

썰물이 되자 아낙네들이 바구니를 들고 개펄로 나가 뭔가를 열심히 캐내고 있었다. 발목까지 쑥쑥 빠지는 미끄러운 개펄을 휘저으며 허리를 굽혔다 폈다 하는 일이 여간 고단한 일이 아닐 텐데 바구니에 농게와 백합이 가득해질수록 아낙네들의 표정은 밝아졌다.

해마다 5월부터 10월까지는 이 개펄에서 짱뚱어 잡이가 한창이다. 개펄을 살금살금 기어 다니며 먹이를 찾는 짱뚱어는 워낙 민첩하기 때문에 낚시로 잡는다. 어부들은 '밀배'라고 불리는 나무로 만든 썰매를 타고 개펄을 옮겨 다니며 한쪽 다리는 밀배 위에 무릎을 꿇고 다른 쪽 다리로 밀배를 움직이면서 낚시질을 한다. 긴 대나무 끝에 낚싯줄을 묶은 다음 낚싯바늘을 꿰어 미끼도 없이 홀치기로 잡는 게 특징이다.

우리나라에서 가장 오래된 어류학서인 정약전의 《자산어보》를 보면 짱뚱어를 '눈이 툭 튀어나온 물고기'라는 뜻에서 '철목어'凸目魚라고 소개하고 있다. 짱뚱어는 물에서도 살며, 개펄에서는 공기로 호흡하면서 2미터가 넘는 구멍을 파고 생활하는 생명력이 강한 물고기다. 물고기로는 드물게 겨울잠을 자기 때문에 '잠둥어'라고도 불린다.

여름에 개펄 체험을 할 때 짱뚱어를 직접 잡을 수는 있지만 점점 짱뚱어가 줄어들고 있는 개펄의 현실을 생각한다면 잡아가는 것보다는 그냥 쳐다보고 즐기기만 하는 것이 섬을 사랑하는 사람들의 작은 배려가 아닐까.

바닷가에서 피는 꽃 중 으뜸은 단연 해당화다.

"해당화 피고 지는 섬마을에/ 철새 따라 찾아온 총각 선생님/ 열아홉 살 섬 색시가 순정을 바쳐/ 사랑한 그 이름은 총각 선생님……."

가수 이미자의 노래 '섬마을 선생님'에 등장하는 해당화는 꽃말처럼 떠나간 혹은 떠나갈지도 모르는 임에 대한 그리움과 원망을 가득 담고 있어 애절함을 더한다.

증도 해안에도 봄이 오면 어김없이 여기저기 해당화가 피어난다. 5월에서 7월 사이에 피는 해당화는 흔히 분홍색 꽃만 있는 것으로 알고 있지만 흰색 꽃도 있다. 이 해당화가 당뇨와 신경통에 좋다고 소문

증도의 갯벌은 전국에서 게르마늄 함량이 가장 높고 입자도 미세하다.
이 드넓은 갯벌의 주인은 '바다의 메뚜기'라고 불리는 짱뚱어다.
양쪽 지느러미를 다리처럼 사용하면서 기어 다니다가 갑자기 펄쩍
뛰어오르면 깜짝 놀란 왜가리는 퍼드덕 하늘로 날아오른다.

이 나자 사람들이 몰래 캐 가거나 꺾어 가는 바람에 점점 섬에서 해당화 구경하기가 어려워진다고 한다.

해당화 하면 빠뜨릴 수 없는 한용운의 명시가 있다.

"당신은 해당화 피기 전에 오신다고 하였습니다. 봄은 벌써 늦었습니다. 봄이 오기 전에는 어서 오기를 바랐더니, 봄이 오고 보니 너무 일찍 왔나 두려합니다⋯⋯."

그리움이 없다면 섬이 아니다. 육지로 떠난 임을 그리워하고, 대처로 유학을 간 자식들을 그리워하며, 곧 도착할 배를 가슴 졸이며 기다리는 게 섬마을 사람들의 정서다. 모든 것이 빠르게 변하고, 한꺼번에 많은 것이 동시에 해결되는 스피드 시대에 우리는 그리움을 잃어버렸다. 섬이 간직하고 있는 마음의 보물은 바로 이 그리움이다.

증도는 면적 40.03제곱킬로미터에 해안선 길이가 46.5킬로미터에 이르며, 유인도 8개와 무인도 91개를 품고 있는 부자 섬이다. 북쪽으로는 사옥도와 임자도, 남쪽으로는 자은도와 암태도 사이에 위치한다. 최고점은 해발 200미터지만 100미터 안팎의 낮은 산지가 이어져 있고, 평지에는 논과 밭이 많다. 인구는 2,200명 정도다.

그런데 놀라운 것은 이 작은 섬 증도가 전국에서 복음화율이 가장 높은 지역이라는 것이다. 섬 주민의 90퍼센트 이상이 예수를 믿는다고 하니 도무지 믿기지가 않는다. 섬 안에 있는 열한 개 교회에는 주일 예배 때마다 교인들로 가득 찬다.

종교 통계로는 가장 최근 발표된 2006년 통계청 자료에 따르면 우리나라 종교 인구 분포는 불교가 22퍼센트, 개신교가 18퍼센트, 가

바닷가에서 피는 꽃 중 으뜸은 단연 해당화.
열아홉 살 섬 색시의 가슴을 설레게 하던 그리움의 꽃 해당화는
봄이 되면 증도 해안에도 어김없이 피어난다.
5월에서 7월 사이에 피는 해당화는 흔히
분홍색 꽃만 있는 것으로 알고 있지만 흰색 꽃도 있다.

톨릭이 10퍼센트 등으로 나타난다. 개신교의 복음화율이 전국 평균 20퍼센트도 되지 않는 것이다. 게다가 개신교 인구는 계속 줄어드는 것으로 조사되었다.

전국에서 복음화율이 가장 높은 지역은 전라남도 신안군이다. 신안군의 복음화율은 35퍼센트다. 전국 평균의 두 배에 가까운 수치다. 하지만 이 모든 통계들이 증도에서는 아무런 의미가 없다. 사실상 증도의 거의 모든 가구가 예수를 믿는 가정이기 때문이다.

요즘은 외지에서 들어온 사람들이 운영하는 식당이 많아지면서 약간 달라졌지만 얼마 전만 해도 주말에 증도를 가면 이런 사실을 몸으로 체험할 수 있었다. 다른 섬이라면 주말에 식당들이 불야성을 이루고 있겠지만 증도의 주말엔 문을 연 식당이 드물었다. 여기저기 기웃거려도 밥 먹을 곳이 별로 없었다. 주일 예배를 준비하기 위해 교회를 가야 하니까 주말에는 식당이 문을 열지 않았기 때문이다. 돈이 있어도 밥을 먹을 수 없는 섬, 이것이 증도의 주말 풍경이었다.

예전에 배를 타고 증도를 오가던 시절, 대초리교회 지영태 목사가 운영하는 인터넷 카페에 새생명교회 이무경 목사가 '순교자는 오늘도 말한다'라는 제목으로 여행 후기를 써서 올린 일이 있다. 증도를 찾는 순례자의 심정을 잘 드러내는 글이었다.

어릴 적 소풍 갈 때 기분처럼 가던 날은 잠도 설쳤다. 너나없이 모두 들뜬 마음으로 돌풍을 뚫고 잘 닦여진 서해안고속도로를 달렸다. 이런 기분을 시샘이라도 하듯 갑작스럽게 기상이변이 생겨 돌풍이 불고, 36년 만에 처음으로 경칩 날씨가 영하 7도까지 떨어졌다. 하지만 순교지를 방문하겠다는 강한 집념과 열정으로 가득 찬 일행의 마음과 발걸음을 붙잡지는 못했다.

그날은 배가 출항을 못해 하룻밤을 자고 이튿날 일찍 믿음으로 배를 타러 나갔다. 선착장에 도착하니 '할렐루야!' 배가 간단다. 승합차량을 배에 싣고 갑판장 같은 배 위 방에 올라가니 안방처럼 따스해 언 몸을 녹이기에 넉넉했다. 그 옛날에는 이 뱃길을 어떻게 다녔을까? 그것도 사랑과 복음을 가슴 깊이 담고 전하던 순교자 문준경 전도사님은 어떻게 이 뱃길을 다니며 복음을 전했을까?

증동리교회에 잠시 들러 기도를 하고, 김상원 목사님으로부터 문준경 전도사님의 순교에 관한 이야기를 들었을 때 참으로 가슴이 메고 찡했다. 그리고 순교 현장으로 가서 기도한 후 뒤를 돌아보니 문준경 전도사님의 마지막 음성이 들리는 듯했다.

"저들의 죄를 사하소서. 증도를 다 구원하지 못하고 여종은 갑니다. 내 영혼을 받으소서!"

문준경 전도사님은 증도에 10개 교회를 세우고, 그 영향으로 다른 곳에 10개 교회가 더 세워져 모두 20개의 교회를 개척하신 분이다. 그녀가 다니던 길에는 어김없이 사중복음의 씨앗이 떨어져 꽃이 피고 열매를 맺었다. 증도 주민의 90퍼센트 이상이 성결교회 신자라니!

또한 그녀로 인해 성결교회와 한국 교회를 움직이는 많은 거성들이 나왔다. 문준경 전도사님의 순교 정신이 그대로 녹아 있는 현장에는 바람이 세차게 불었고 백사장은 길이 되어 있었다. 길가에 고이 안장된 문준경 전도사님 순교지 방문은 내 일생에 가장 잊을 수 없는 경험과 큰 교훈이 될 것이다.

마을을 돌아다니다 보면 집 밖에 걸려 있는 문패에서 뜻밖의 장면을 목격할 수 있다. 어딜 가나 문패에 남편과 아내의 이름이 나란히 쓰여 있는 것이다. 보수적이고 완고한 풍습을 지닌 섬마을이지만 일찍부터 남녀평등의 문화가 자리하고 있었음을 알 수 있다.

사찰과 점집, 풍어제가 없는 마을

증도에서 가장 큰 마을인 증동리로 들어섰다. 증도초등학교와 증도중학교, 면사무소와 파출소, 우체국, 보건지소, 약방, 농협 등 주요 기관과 시설들이 전부 증동리에 몰려 있다. 섬에 가면 이런 주요 시설들의 위치와 연락처를 잘 알아 두어야 한다. 그래야만 만에 하나 무슨 일이 있을 때 신속하게 대처할 수 있다.

벚꽃과 야자수가 이국적인 정취를 자아내는 길을 따라 마을 안으로 발걸음을 옮겼다. 제주도에 가면 흔히 볼 수 있는 돌담처럼 아기자기 쌓아 올린 예쁜 돌담들이 눈에 띄었다. 바람이 아무리 불어도 수십 년을 그렇게 버텨 냈을 세월의 흔적이 느껴졌다.

특이한 것은 집집마다 대문에 붙어 있는 문패였다. 한글로 부부 이름이 나란히 적혀 있었다. 전통적인 시골 마을, 특히나 섬마을에서는 유달리 남존여비 사상이 강하고 유교적이며 보수적인 성향이 뿌리 깊게 남아 있는 게 보통이다. 그런데 증도 주민들은 대문에 걸어 놓은 문패에 한글로 부부 이름을 똑같이 적어 놓았으니 신기할 수밖에 없었다.

아마도 증도에 기독교인들이 많기 때문에 이런 결과가 나타난 것이 아닐까 생각한다. 기독교 사상은 남녀평등을 기초로 한다. 모든 남자와 여자는 동일하게 하나님의 형상대로 창조되었다는 것이 기독교 교리의 핵심이다.

증도에는 사찰이 하나도 없다. 굿당이나 점집도 없다. 바다 신을 모시는 사당이나 성황당도 없다. 성당도 없다. 오직 교회만이 존재할 뿐이다. 아무리 주민의 90퍼센트 이상이 예수를 믿는다고 해도 섬에 사찰과 점집이 한 군데도 없다는 건 희한한 일이 아닐 수 없다.

섬은 기후 변화에 민감하다. 풍랑이 일고 홍수라도 닥치면 육지와 달리 고립무원일 수밖에 없다. 고기를 잡으러 남자들은 늘 바다로 나가야 하고, 바다로 나가면 가장이 무사히 집으로 돌아올 때까지 가족들은 마음을 졸이며 애를 태워야 한다. 한 번 배를 띄워 물고기를 얼마나 잡아 오느냐에 따라 식솔들의 생계가 좌지우지된다. 모든 것이 한치 앞을 내다볼 수 없을 정도로 불확실한 게 섬에서의 생활이다.

그렇기 때문에 예로부터 섬사람들은 사찰과 점집을 지어 때마다 정성을 들이고 길흉화복을 점쳤다. 의학이 발달하지 않았던 옛날은 물론이고 불과 수십 년 전만 해도 사람이 아프거나 다쳤을 때는 무당을 불러 굿을 했다. 섬사람들은 이걸 미신이라고 여기지 않았다. 바다와 더불어 살아가야만 하는 섬사람들의 당연한 숙명으로 받아들였다.

바다와 섬과 사람들이 어우러진 한바탕 신명 나는 축제, 그것이 바로 풍어제다. 섬 지방에서 오랜 세월 동안 발달해 온 풍어제는 어민들이 안전하게 어로 작업을 하면서 물고기를 많이 잡을 수 있게 해 달라고 바다의 신에게 제사를 지내는 것이다. 동해안과 남해안에서는 별신굿이, 서해안에서는 배연신굿과 대동굿이 예로부터 이어져 왔다.

이런 풍어제가 증도에서는 열리지 않는다. 예수를 믿는 사람들이 바다의 신에게 제사를 지낼 일이 없기 때문이다. 농사가 잘되고, 물고기를 많이 잡고, 온 가족이 건강하게 살아가는 것은 바다의 신이 보호해 줘서가 아니라 오직 하나님이 돌봐 줘서다.

증도에서만 볼 수 있는 또 하나의 독특한 풍경은 섬 야트막한 언덕 어디서나 볼 수 있는 자그마한 무덤, 즉 초분이다. 초분은 다른 지역에서는 거의 사라진 섬 지방 특유의 매장 방식으로, 사람이 죽으면 시신을 풀이나 짚으로 덮어서 임시 무덤을 만든 뒤 나중에 뼈를 추려 땅에 다시 매장하는 방식이다. 뼈에 죽은 사람의 영혼이 깃들어 있다고 믿었기 때문에 뼈를 보고 그 사람의 죽음을 확인한 후 뼈와 함께 영혼을 지하에 모시는 풍습이 이어져 온 것이다. 증도 사람들은 옛날부터 유달리 영성이 강한 사람들이었던 것 같다.

해당화 외에도 척박한 바닷가 돌 틈이나 모래땅에서 피어나는 순비기라는 꽃이 증도에 많이 핀다. 순비기 잎에 코를 가져다 대면 솔향기처럼 진한 향이 풍겨 온다. 옛날부터 순비기는 머리를 맑게 하고, 두통에 잘 듣는 약초로 알려져 왔다. 여름에 보랏빛 꽃이 아름답게 피며, 가을이 되면 둥근 열매가 까맣게 열린다. 가을에 이 씨를 받아 약으로 쓰며, 잎을 찧어 즙을 내서 달여 먹으면 효과가 좋다고 한다.

신안군에서는 순비기를 이용한 천연 염색 제품을 개발하기 위해 증도에 연구팀을 파견해서 다양한 실험을 통해 여러 가지 제품을 개발해 냈다. 순비기로 만든 스카프, 베개, 전통 한복, 그리고 차 안에 놓아두는 향주머니 등은 도시 사람들에게 인기가 많다.

이 순비기의 꽃말 역시 '그리움'이다. 어쩌면 화려한 분홍색 해당화보다 보랏빛 순비기의 가냘픈 메아리가 더 애절하게 그리운지도 모른다.

오랫동안 순비기처럼 살아온 증도 사람들은 그리움과 기다림, 느림의 미학을 체득한 사람들이다. 이런 마음 밭에 복음이 뿌려져 자람으로써 30배, 60배, 100배의 놀라운 결실을 보게 된 것이 아닐까.

기독교 신앙은 기다림이다. 신부가 신랑을 맞이하듯, 종이 주인을 맞이하듯 묵묵히 기다릴 줄 아는 것이 신앙이다. 내가 때를 정해 놓고, 내가 시간을 맞춰 놓고 바쁘다고 서두르며 보채는 것은 기독교 신앙이 아니다.

예수를 믿는다는 것은 메시아를 그리워하는 것이다. 그리움이 없는 신앙은 소망이 없는 신앙이다. 부활하신 예수 그리스도가 항상 나와 함께하신다는 것, 그리고 언젠가는 재림하신다는 것, 이것을 믿고 그분을 늘 그리워하는 것이 기독교 신앙이다.

올바른 크리스천은 느리게 살 줄 알아야 한다. 느림의 철학을 깨달은 사람들이 천국 잔치에 초대받는다. 바쁜 사람들, 시간이 없는 사람들은 잔치에 초대받을 수도 없고, 초대를 받더라도 갈 마음도, 갈 시간도 없다. 느린 사람들이 복 있는 사람들이다.

화도는 이름도 예쁜 '꽃섬'이다. 옛날에는 증도에서 떨어진 섬이었고,
배를 타고 다니거나 썰물 때 겨우 노두를 통해 건너다닐 수 있는 곳이었다.
썰물 때는 홍해가 갈라진 듯 바다 사이로 길이 드러나고,
밀물이 되면 양쪽 바다에서 노두길을 번갈아 침범한다.

증도 사람들은 기다릴 줄 아는 사람들이고, 그리움을 품고 사는 사람들이며, 느리게 사는 걸 즐기는 사람들이다. 90퍼센트 이상의 주민들이 예수를 믿는 섬 증도. 그것은 결코 우연히 이루어진 결과나 수고 없이 저절로 열린 과실이 아니다.

증도는 작은 섬이다. 하지만 이곳저곳 볼 게 참 많은 섬이다. 그냥 큰 길로만, 잘 포장된 도로로만 다녀서는 볼 수 없는 절경이 많다. 그중 한 곳이 화도花島다. 이름도 예쁜 '꽃섬'이다. 옛날에는 증도에서 떨어진 섬이었고, 배를 타고 다니거나 썰물 때 겨우 노두를 통해 건너다닐 수 있는 곳이었다.

대초리에서 증동리 가는 길에 덕정이라는 마을이 있다. 앞시리와 뒷시리에 두 개의 시루가 있어도 솥이 없으면 쓸 수 없다 하여 '솥 정'鼎 자를 써서 덕정이라 부르게 된 곳이다. 이 마을을 가로질러 비포장 길을 따라 언덕을 돌아가면 화도로 이어지는 노두길이 나타난다. 지금은 징검다리가 아니라 버젓이 시멘트 도로로 포장되었지만 사람들은 아직도 이 길을 노두길이라 부른다.

이 노두길이 그렇게 아름다울 수가 없다. 노을 질 무렵 화도를 감싸고 있던 하늘이 붉게 물들고 이글거리던 태양이 바다로 곤두박질치면 노두길은 야곱이 벧엘에서 보았다는 하늘로 이어진 사닥다리가 바로 이 길이 아닐까 싶을 정도로 환상적인 모습을 연출한다. 썰물 때는 마치 홍해가 갈라진 듯 바다 사이로 길이 드러나고, 밀물이 되면 양쪽 바다에서 노두길을 번갈아 침범한다. 노두길 건너 각종 철새와 갈매기들이 머무는 작은 언덕 위에 새집처럼 고운 화도교회가 있다.

영원한 증도의 어머니

우전리에서 증동리 방향으로 갯벌을 따라 이어진 해안도로를 달리다 보면 오른쪽에 소나무가 우거진 아담한 공원이 하나 등장한다. 이 공원 이름이 솔무등공원이다. 야트막한 공원 산책로에는 몇 가지 운동기구가 놓여 있고, 발 지압을 할 수 있는 자갈길도 깔려 있다. 여름에는 정자에 앉아 바다와 갯벌을 바라보며 한나절을 즐기기에 안성맞춤이다.

솔무등공원 끝자락 부근 마을 입구에 다다르면 '故 문준경 전도사 순교비'라고 적힌 이정표를 발견할 수 있다. 여기가 바로 문준경 전도사의 묘가 있는 자리다.

"내가 진실로 진실로 너희에게 이르노니 한 알의 밀이 땅에 떨어져 죽지 아니하면 한 알 그대로 있고 죽으면 많은 열매를 맺느니라."

묘소 중앙에 커다랗게 세워진 비석에는 '도서 복음의 어머니 고 문준경 전도사 순교지'라는 글이 새겨져 있고, 그 아래에는 요한복음 12장 24절 말씀이 적혀 있다. 누가 가져다 놓았는지 하얀 백합 한 다발이 놓여 있었다.

오른쪽에는 돌로 만든 성경책이 있는데, 그 안에는 '고 문준경 전도사님은……'으로 시작하는 문준경 전도사의 일대기가 빼곡하게 쓰여 있다. 이 일대기의 자수는 정확하게 1,600자다. 2003년 5월 1일 비문이 완성되기까지 순교기념사업회 관계자들과 증도 교회 목회자들은 글을 쓰고 지우고 바꾸고 다듬기를 수백 번도 더했다고 한다.

돌로 된 성경책 밑에는 문준경 전도사를 가운데 두고 양쪽에서 공산당들이 총을 겨누고 죽창으로 찌르는 모습이 조각되어 있어 그날의 처참했던 장면을 떠오르게 했다.

왼쪽으로 가면 1950년 순교 이후 순교 현장에 처음 세워졌던 순교비가 있다. 지금은 글씨가 다 지워져 무슨 말인지 알아볼 수 없게 닳아 버렸지만 문준경 전도사 순교의 역사를 60여 년 세월 동안 묵묵히 증언해 온 표식이다.

원래 문준경 전도사의 묘는 증동리교회 뒷산 꼭대기 부근에 있었다. 너무 멀고 험해서 한번 찾아가려면 무척 힘들어 2005년 2월 19일 지금의 장소를 마련해서 이장했다. 묘는 십자가 모양을 새긴 사각형 돌 아래 모셔져 있다.

'여기 도서의 영혼을 사랑하시던 문준경 전도사님이 누워 계시다.'

후에 세워진 낡은 비석 하나에는 이런 글이 쓰여 있었다.

'빈한 자의 위로되고, 병든 자의 의사, 아해 낳는 집의 산파, 문맹퇴치 미신타파의 선봉자. 압해, 지도, 임자, 자은, 암태, 안좌 등지에 복음 전도. 진리, 증동리, 대초리, 방축리 교회 설립. 모든 것을 섬사람을 위하였고 자기를 위하여는 아무것도 취한 것이 없었다. 그대의 이름

문준경 전도사 순교지 앞에서 바라본 증동리 앞바다 풍경. 60여 년 전 복음을 전하다 처참하게 순교당한 그 현장에서 마을 아낙네들이 농게와 백합을 채취하고 있다.
비 온 뒤라 묘지 십자가 위로 눈물처럼 빗물이 고여 있다.

에 하나님의 은총이 영원히 깃들기를! 우리들의 어머니 문준경 전도사를 위하여 감사에 충만한 지도 증동리교회.'

1950년에 세워진 비석이 낡아 잘 보이지 않자 1964년 10월 6일 증동리교회 사람들은 다시 비석을 만들면서 자신들의 마음을 이렇게 표현하였다. 유려한 문장은 아닐지라도 한 사람에 대해 이렇게 고운 정성을 다 바쳐 진솔하게 마음을 표현한 글이 있을까 싶을 정도로 가슴속까지 울컥하게 만드는 아름다운 비문이다.

순교지 주변은 잔디가 곱게 깔려 있고, 벚나무 동백나무 소나무 등이 잘 심겨 있으며, 양쪽에 의자와 탁자가 한 개씩 마련돼 있어 지나가다 누구나 앉아 기도하거나 쉬었다 갈 수 있게 되어 있다.

순교지 바로 앞에 있는 도로가 문준경 전도사가 순교당한 바로 그 현장이다. 옛날에는 순교 현장에 십자가가 새겨진 큰 바위 하나를 가져다 놓았는데, 해안도로가 나면서 바위는 없어졌고 지금은 도로만이 이어져 있을 뿐이다.

증도에 복음의 씨앗이 뿌려져 오늘날 셀 수 없을 정도로 많은 열매를 거두게 된 데는 증도의 어머니로 불리는 위대한 순교자 문준경 전도사가 있었다. 그분은 한국 교회의 거목이며, 세계 순교사의 맨 앞 페이지에 기록되어야 할 커다란 획이고, 무기력증에 빠져 있는 현대 크리스천들을 일깨울 스승이자 여성 목회자 리더십의 교과서다.

문준경 전도사의 순교 신앙을 기리고 본받기 위해 증도에는 전국 각지에서 몰려든 순례자들의 발길이 끊이지 않는다. 목회자 단체나 장로협의회, 남·여선교회, 청년회, 중·고등부, 어린이들까지 팀을 짜서 증도를 찾는다.

문준경 전도사 순교지 바로 앞은 드넓은 갯벌이다. 갯벌 저편에는 시원한 바다가 있다. 갈매기 날아다니는 지평선을 바라보며 저녁노을을 맞이하거나 불 켜진 해안도로를 따라 짱뚱어다리까지 산책을 하는 것도 색다른 경험이다.

증도를 처음 찾던 날, 숙소로 돌아가는 길에 빨간 지붕과 하얀 십자가가 아름다운 우전리교회에 들렀다. 토요일 오후 교인들이 나와 청소를 하느라 바쁘다. 젊은이들이 몇 명만 있어도 좋으련만 백발에 허리 굽은 할머니들뿐이었다. 가끔 조금 젊어 보이는 아낙네도 쉰 살은 훌쩍 넘은 듯했다. 할머니들은 저마다 바쁘게 손을 움직였지만 힘든 기색은 없었다.

그중 한 할머니에게 다가가 인사를 건네며 조심스럽게 물었다.

"청소 힘들지 않으세요?"

"안 힘들어. 기쁘제. 아직 쌩쌩하당께."

"증도에 교회가 왜 이렇게 많은 건가요?"

"아, 그거야 다 우리 문준경 전도사님 덕분이제."

"문준경 전도사님 덕분에 증도 사람들이 다 예수를 믿게 되었다는 말씀인가요?"

"그렇다니께. 우리는 전부 문준경 전도사님 땜시 예수 믿고 천당 가게 된 사람들이여."

막힘없는 대답이었다. 그리고 전혀 꾸미거나 생각해서 하는 말이 아니라 즉각 튀어나온 순도 백 퍼센트의 진실이었다. 당연한 걸, 뻔한 걸,

빨간 지붕과 하얀 십자가가 아름다운 우전리교회.
주일 예배 때는 네 줄로 놓인 의자 맨 왼쪽에 남자들이 앉고,
나머지 세 줄에는 여자들이 앉아 남녀유별하게 예배를 드린다.
할머니들과 할아버지들이 대부분이지만 얼굴에는 생기가 가득했다.

누구나 다 아는 걸 괜히 물어본 사람만 머쓱해졌다.

문준경 전도사는 1950년, 지금으로부터 60여 년 전에 세상을 떠났지만 아직도 증도 사람들 가슴속에는 영원한 어머니로 생생하게 살아 있었다. 친부모도 돌아가신 지 몇십 년이 지나면 자식들 기억에서 서서히 잊혀지고 묘소를 찾는 일도 뜸해지는 게 세상 인심인데, 돌아가신 지 60여 년이 넘은 한 여인을 온 마을 사람들이 이토록 잊지 못하고 기리며 늘 묘소를 찾아 눈물짓고 기도한다는 것은 불가사의할 정도로 대단한 일이 아닐 수 없다.

해마다 3월 11일이면 증동리 순교지에서는 어김없이 문준경 전도사의 추모식이 열린다. 그날이 주일일 경우에는 다음 날 추모식을 갖는다. 문준경 전도사는 1891년 2월 2일생이지만 음력으로 추모식을 치를 경우 매년 날짜가 바뀌기 때문에 사람들이 제대로 기억하기 어려워 양력으로 다시 계산해서 3월 11일로 정한 거라고 한다.

교회를 나와 숙소로 돌아가 바다 위로 떠오른 달을 쳐다보았다. 문준경 전도사의 얼굴과 우전리교회에서 만난 할머니 얼굴이 번갈아 떠올랐다. 증도 사람들의 얼굴은 한결같이 정겹다는 생각이 들었다. 전라도 사투리에 '개미가 있다'는 말이 있다. '한없이 깊고 소박하고 감칠맛이 있다'는 말이다. 증도가 딱 그랬다. 개미가 있는 마을, 개미가 있는 사람들, 증도는 그런 섬이었다.

1장 — 느림과 기다림의 섬 증도

제2장

결혼 첫날부터
과부가 되다

여자로 태어난 죄

문준경은 1891년 2월 2일 전라남도 신안군 암태면 수곡리에서 문재경 씨의 셋째 딸로 태어났다. 암태면은 증도 아래, 자은도 옆에 있는 섬 암태도를 가리킨다. 암태도는 증도보다 조금 큰 섬으로, 돌이 많이 흩어져 있고 바위가 병풍처럼 둘러싸여 있다고 해서 암태도라 불리게 되었다. 1896년 지도군이 신설되면서 지도군에 소속되었다가, 1914년 지도군이 폐지되자 다시 무안군으로 편입되었고, 1969년 신안군의 신설과 더불어 신안군에 소속되어 오늘날에 이른다.

비록 외진 섬이었지만 소녀 문준경은 할아버지가 진사였기 때문에 넉넉한 양반 가문에서 귀여움을 독차지하며 유복한 어린 시절을 보낼 수 있었다. 어려서부터 그녀는 유순한 성격이었으며 남달리 총명한 아이로 주목을 받았다. 마음씨가 고왔던 그녀는 어려운 사람을 보면 그냥 있지 못하고 꼭 뭐라도 도와줘야 직성이 풀렸다고 한다. 하인들에게도 인정을 많이 베풀어 마음씨 고운 주인댁 따님으로 불렸다. 이런 그녀를 부모님과 조부모님은 지극히 사랑하며 아꼈다.

머리가 좋고 지혜로웠던 그녀는 호기심이 많았으며, 남자들처럼 글을 배우고 공부를 하고 싶어 했다. 하지만 서당은 남자들만 가는 곳이었다. 여자들은 서당 근처에 얼씬도 할 수 없었다. 그저 어머니 곁에서 바느질이나 배우면서 집안일에만 호기심을 쏟는 게 어린 시절 그녀가 할 수 있는 일의 전부였다.

한번은 오빠들이 공부하는 책을 몰래 들여다보면서 공부를 해보려 했지만 누가 가르쳐 주는 사람이 없으니 혼자 힘으로는 뭐가 뭔지 도무지 알아내기가 힘들었다. 그저 흰 것은 종이요 검은 것은 글자일 뿐이었다.

당시 나라 안팎의 정세는 하루가 다르게 급변하고 있었다. 구한말 일제는 힘없는 조선의 국권을 강제로 빼앗아 나라를 통째로 집어삼키는 데 정신이 없었으며, 조정은 중심을 잃고 갈기갈기 찢어져 있었고, 민심은 어지러워 갈 바를 알지 못하는 형편이었다. 육지에서 일어나는 일에 대해 자세히 알지 못하던 섬사람들이었지만 두세 명만 모이면 서로 소식을 물으며 나라 걱정에 근심이 가득했다.

그 무렵 문준경은 아무것도 모른 채 그저 세월만 보내고 있는 자신의 처지가 안타까웠다. 글을 배우고 공부를 해서 세상 돌아가는 사정도 알고 싶었고, 어른이 되면 어떻게 살아야 할지 앞날에 대해서도 뭔가 의미 있는 계획을 세우고 싶었다. 하지만 글 한 줄 읽을 수 없는 입장에서 이런 생각들은 모두 허황된 꿈에 불과했다.

하루는 드디어 작심을 하고 아버지를 찾아갔다. 오랜 시간 망설이던 말들을 결국 아버지 앞에서 다 쏟아놓았다.

"아부지…… 지도 오라버니들맹키로 글 좀 배우게 해주시오. 당최

그때만 해도 남존여비 사상은 절대 흔들리지 않을 정도로
사람들 생각 속에 깊게 뿌리박혀 있었다.
경성도 마찬가지였는데, 하물며 남도의 작은 외딴 섬에서야 말할 것도 없었다.
조선 여인들에게 여자로 태어난 것은 그 자체로 무거운 죄였다.

글 한 줄 읽을 수 없으니 답답해서 살 수가 없어라. 지가 비록 여자로 태어났지만도…… 인자 여자도 글을 알아야 하는 시대가 되었어라. 아부지, 지발 지도 글을 배울 수 있게 해주시오. 잉?"

3남 4녀 중 셋째 딸이었던 그녀는 평소 부모님께 야단 한번 맞지 않고 귀여움과 사랑을 받으며 자랐기 때문에 이 정도의 소원은 잘 설득만 하면 기꺼이 받아들여질 줄 알았다. 나쁜 일을 하겠다는 것도 아니고 글을 배워서 사리분별을 해가며 살고 싶다는데 아무리 여자지만 형편도 넉넉한 양반집에서 한사코 이를 막을 이유가 없을 거라 생각했다.

하지만 온화했던 아버지 표정이 순간 잔뜩 일그러지면서 불호령이 떨어졌다.

"뭐시여? 아따, 밥 멕여 주고 옷 입해 주고 편히 살게 해줬으면 됐지, 시방 이게 무슨 말이여? 착하고 똑똑해서 예뻐라 했더니 이제 아예 애비 상투 꼭대기까지 올라가려고 그러능겨? 가시내가 살림 배워서 잘난 서방 만나 시집가면 그만이지, 뭐할라꼬 글을 배워? 다시는 내 앞에서 그딴 야그 꺼내지도 말랑께. 자고로 암탉이 울면 집안이 망한다고 혔다. 열심히 살림 배워 싸게 시집 갈 생각이나 하그라. 썩 물러가랑께!"

그녀는 울면서 방을 뛰쳐나왔다. 실망이 이만저만이 아니었다. 왜 여자는 글을 배우면 안 된다는 건지 이해할 수 없었다. 살림 배워 시집이나 가는 게 여자의 인생이라니 기가 막혔다. 평소 인자하기만 했던 아버지였기에 그토록 귀여워하던 딸자식의 작은 소망 하나를 들어주지 않고 호통만 치는 야박한 태도에 섭섭한 마음이 한없이 밀려들었다.

그때만 해도 남존여비 사상은 절대 흔들리지 않을 정도로 사람들 생각 속에 깊게 뿌리박혀 있었다. 경성도 마찬가지였는데 하물며 남도의 작은 외딴 섬에서야 말할 것도 없었다.

그 시절 선교사로 들어와 있던 서양인들의 눈에 비친 조선 여성들의 모습은 실로 처참했다. 조선의 여성들은 가난과 질병, 무지와 고통 속에 시달리고 있었다.

"조선 여자들은 대체로 아름답지가 않다. 나는 그들을 누구 못지않게 사랑하고, 내 형제처럼 여기는 사람이지만 그 일은 털어 놓아야겠다. 슬픔과 절망, 힘든 노동, 질병, 애정 결핍, 무지, 그리고 수줍음 때문에 상처투성이가 되었다. 그래서 스물다섯이 넘은 여자에게서 아름다움 비슷한 걸 찾는 건 헛일이다."

릴리어스 홀튼 언더우드 여사(1851-1921, 미국 북장로회 선교사)가 본 조선 여성에 대한 고백이다. 또 캠벨 여사(1853-1920, 미국 남감리회 선교사)는 이런 증언을 남겼다.

"조선 여성은 네 계급으로 나눌 수 있다. 양반, 중인층의 여성, 무당과 나인들, 노예들과 점쟁이들이다. 이들 계급의 경제 상태는 다르다. 즉 이들 중 낮은 계급에 있는 여성들은 일본이나 중국에서의 동일한 계층 여성들과 비교도 안 되게 가난하고 거칠다. 그들의 옷은 더럽기 짝이 없다. 이 여성들은 아무런 기쁨이 없으며, 며느리가 들어올 때까지 힘든 일을 해야 한다. 그녀들은 30대에 벌써 50대처럼 보이며, 40대에 이미 이가 거의 빠져 있다."

 이런 상황 속에서 여성을 위한 교육기관은 전무했다. 간혹 상류층 여성들이 집에서 한문 교육을 받는 경우가 있기는 했지만, 글을 읽을 줄 아는 여성은 1,000명에 2명꼴밖에 되지 않았다.

 그나마 중인 이하의 여성들은 낮에는 논밭에 나가 허리가 끊어지게 일을 하고 돌아와 집 안에서 혼자 가사와 육아를 도맡아야 했으며, 밤에는 졸린 눈을 비비며 베틀에 앉아 길쌈을 하고 바느질에 매달려야 했다. 경제적으로는 막중한 책임과 의무가 주어진 반면 교육과 복지로부터는 철저하게 소외당했던 여자들. 조선 여인들에게 여자로 태어난 것은 그 자체로 무거운 죄였다.

 그러니 문준경은 현실을 인정하고 받아들일 수밖에 없었다. 누구를 원망하거나 자신의 신세를 한탄해 봐야 해결될 일이 아니었다. 여자로 태어난 것이 한없이 원망스러웠지만 어쩔 도리가 없었다. 그저 묵묵히 아버지 뜻에 따라 열심히 살림하는 법을 배워 나갔다. 그녀가 이때 배운 바느질 솜씨와 살림의 기술은 나중에 그녀 혼자서 생활하게 될 때 더없이 요긴하게 쓰이게 된다.

열일곱 살, 시집가자마자 생과부가 되다

 소녀 문준경은 어느덧 아리따운 아가씨로 성장했다. 그녀가 열일곱 살이 될 무렵부터 집안에서는 이런저런 혼담이 오가기 시작했다. 집안도 좋은데다가 어려서부터 워낙 착하고 총명하기로 소문이 나 있어 혼담이 줄을 이었다.

 그녀의 아버지는 행여 혼기를 놓칠세라 허겁지겁 혼사를 서둘렀다. 당시 혼사라는 건 양가 어른들끼리의 약속이었다. 신랑 신부가 얼굴 한번 보지 못하고 서로에 대해 전혀 아는 것도 없는 가운데 어른들이 맺어 준 대로 혼례를 치러야 했다. 게다가 여자는 한번 혼례를 치르고 나면 출가외인이라 해서 죽어서도 시댁 귀신이 되도록 훈육을 받았다. 싫든 좋든 이혼이란 건 상상할 수도 없는 일이었다.

 남편은 지도면 등선리에 사는 정기운 씨의 셋째 아들 정근택이라는 사람이었다. 증도는 1983년 증도면으로 승격되기 전까지 지도면에 편입되어 있었다. 그러니까 문준경 전도사가 시집을 간 시댁은 증도에 있는 등선리라는 마을이다. 나중에 등선리는 대초, 덕정, 화도, 장고와 합쳐져 대초리로 통합되었다. 지금의 대초리가 바로 문준경 전도사가

그녀는 모든 것을 체념한 듯 살았지만 어린 나이에 시집 와서
남편 사랑 한번 제대로 받지 못하고 그 외롭고 힘든 나날을
참고 또 참으며 보냈으니, 가슴에 쌓인 응어리는 상상을 초월하는 것이었다.
사진은 대초리의 봄 풍경.

혼례를 치르고 결혼 생활을 시작했던 곳이다.

1908년 3월 18일, 봄날의 꽃보다 더 곱디고운 만 열일곱 살 어린 나이에 시집을 가게 된 그녀는 낯선 환경과 사람들 속에서 쉽지 않은 시집살이였지만 타고난 성품이 워낙 착하고 모난 구석이 없었기 때문에 차츰 시부모로부터 사랑을 받으며 시댁에 적응하게 되었다.

하지만 문제는 다른 곳에 있었다. 남편 정근택은 결혼 첫날부터 문준경을 아내로 대접하지 않았다. 그녀를 철저하게 외면하고 무시하기 시작한 것이다. 그녀로서는 도무지 영문을 모를 일이었다. 어떤 문제로 다툰 것도 아니고, 뭔가 단단히 마음에 들지 않는 게 있어 그런 것도 아니었다. 그녀가 여자로서 쳐다보기도 싫을 정도로 못생겼거나 매력이 없어서도 아니었다. 아무 이유도 없이 남편은 그녀를 상대조차 하지 않았다.

그는 일찍이 부잣집 막내아들로 태어나 부모의 사랑을 독차지하며 과잉보호를 받고 자란 탓에 매사에 자기밖에 모르는 지극히 이기적인 사람이었다. 머리가 좋고 공부도 많이 해서 똑똑한 사람이었지만 남을 위해 봉사를 한다거나 나라를 위해 희생을 한다는 건 상상해 본 일도 없는 우물 안 개구리 같은 존재였다.

졸지에 결혼하자마자 생과부가 된 문준경은 참으로 어이가 없고 하늘이 무너져 내리는 것 같았지만 달리 어떻게 손을 쓸 방법이 없었다. 그저 참고 기다리는 수밖에 없었다.

남편은 한번 집을 나가면 몇 달씩이나 연락 없이 돌아오지 않았다. 그렇게 지내다 보면 남편 얼굴조차 생각나지 않는 날도 있었다. 사람을 볼 수가 있어야 따져 묻기라도 할 텐데 잠시도 볼 수가 없으니 벙어리 냉가슴이란 바로 이런 걸 두고 하는 말이었다.

문준경은 예수를 믿기 전까지 철저하게 고독하고 외로운 삶을 살았다. 그녀가 겪은 이 말할 수 없이 힘든 고독과 외로움은 다 남자들 때문에 생겨난 것이었다. 시집 가기 전 그녀가 가장 하고 싶었던 건 공부였다. 글을 배우고 공부를 해서 세상 이치를 깨우치며 살고 싶었다. 이런 그녀의 소망은 남자들이 만들어 놓은 남존여비의 거대한 장벽에 막혀 좌절되었다. 거기에 쐐기를 박은 것이 바로 그녀의 아버지였다.

배움의 길 앞에서 깊은 좌절을 맛본 그녀에게 새로운 희망은 결혼이었다. 완고한 친정에서 합법적으로 벗어나 시댁이라는 새로운 세상 속으로 들어가면 뭔가 그녀가 바라던 일을 이룰 수도 있으리라 기대했다. 남편은 희망을 주기에 충분한 존재였다. 시댁 역시 부잣집이었고 시부모님은 인자한 분들이었으며 남편 또한 배운 사람이었다.

그러나 이 두 번째 기대마저 처참하게 무너지고 말았다. 남편은 희망은커녕 절망 그 자체였다. 그녀는 스스로를 '남편 있는 생과부'라 부르며 모든 것을 체념한 듯 살았지만 어린 나이에 시집 와서 남편 사랑 한번 제대로 받지 못하고 그 외롭고 힘든 나날을 참고 또 참으며 보냈으니, 가슴에 쌓인 응어리는 상상을 초월하는 것이었다.

일반적으로 아내들은 남편이 사랑스러우면 시댁 식구들에게도 잘하게 되고, 남편이 꼴도 보기 싫으면 시댁 식구들도 왠지 보기가 싫어진다. 마찬가지로 남편들도 아내가 예쁘면 처가 식구들에게 잘하게 되지만 아내가 미워지면 처가 식구들 보는 일이 괜히 짜증스럽다.

남편이 아내를 거들떠보지도 않고 밖으로만 나도는데 어느 여자가 시부모를 지극정성으로 모시고 싶겠는가. 하지만 그녀는 그렇게 생각하지 않았다. 자기감정을 추스르고 며느리로서 해야 할 일을 묵묵히 해나갔다. 시부모도 사랑과 정성을 다해 모셨다.

인정이 많고 자상했던 그녀의 시부모는 며느리 보기가 민망하고 안타까웠지만 말을 듣지 않는 망나니 같은 아들을 어찌해 볼 도리가 없었다. 그저 며느리에게 미안한 마음에 말 한마디라도 더 잘해 주고 따뜻하게 사랑을 베풀 뿐이었다.

나중에 알게 된 일이지만 남편 정근택은 결혼 전부터 이미 딴 여자와 살림을 차리고 있었다. 증도 위쪽에 있는 임자도에 여자를 숨겨 두고 틈만 나면 가서 살다시피 한 것이다. 그러면서도 부모 성화에 못 이겨 억지로 혼례를 치렀으니 이 얼마나 파렴치하고 무책임한 일인가. 아무것도 모르고 결혼한 문준경은 허울만 본부인일 뿐, 소실만도 못한 생활을 이어 나갔던 것이다.

새처럼 자유롭게
훨훨 날아서

텔레비전도 라디오도 인터넷도 없던 시절 제일 무섭고 빠른 것은 입소문이었다. 그리고 이 입소문의 진원지는 단연 아낙네들이 매일 모이다시피 하는 빨래터였다. 빨래터에서 빨래를 하면서 온 동네 대소사를 다 참견하고, 남의 집 일을 빠짐없이 입에 올리며, 사람들 험담을 늘어놓는 일이 여인네들의 유일한 낙이었다.

문준경의 신혼 생활은 당연히 이 여인네들의 입방아에 오르내렸다. 열일곱 꽃다운 나이에 시집을 왔으니 닭살이 돋을 정도로 깨가 쏟아지게 살아도 시원치 않을 판에 남편이란 사람은 허구한 날 밖에 나가 얼굴을 볼 수 없을 정도였으니 아무리 생각해도 이상했을 것이다.

그런데 소문이 엉뚱한 방향으로 나 버렸다. 문준경이 자식을 낳지 못해서 남편이 정이 떨어져 외도를 한다는 소문이 돈 것이다. 이 소문은 삽시간에 온 마을로 퍼져 나갔고, 그녀가 빨래를 하러 가거나 물을 길러 다닐 때마다 사람들은 뒤에서 손가락질하며 수군거렸다.

남편이 자신을 무시하고 밖으로만 돌면서 외도하고 다니는 것도 속이 터질 일인데, 한술 더 떠서 애 못 낳는 여자로까지 취급을 당하게 생겼으니 기가 막힐 노릇이었다. 설움에 겨워 목 놓아 울다 지쳐 눈물조차 마를 지경이었다. 하늘을 봐야 별을 딴다고 했건만 신혼 첫날부터 남편에게 철저히 외면당하고 홀로 외롭게 살아가는 여자가 어떻게 아이를 가질 수 있겠는가.

문준경은 그동안 자신을 지탱해 왔던 인내의 끈이 탁 풀려 버리는 느낌이었다. 더 이상 살고 싶지가 않았다. 아니, 살 이유도 없었다. 무엇을 위해, 누구를 위해, 어디에 목표를 두고 살아야 하는 것인지 도무지 알 수가 없었다.

'그려, 구차한 인생 이렇게 사는 거이 뭔 의미가 있겄능가. 여그서 그만 끝내 버리자고.'

그녀는 생을 포기하기로 결심하고 시부모가 잠들기를 기다렸다가 집을 몰래 빠져 나왔다. 칠흑처럼 어두운 밤 문준경은 등선리 앞바다를 향해 천천히 걸어 들어갔다. 밀려드는 파도가 발을 적시고 치마를 적시며 올라왔다. 파도 소리와 바닷바람이 막혀 있던 가슴을 시원하게 뚫어 주는 듯했다. 바다를 향해 더 깊이 들어갈수록 기분이 점점 더 좋아졌다.

'인자 걱정 근심 없는 저세상으로 가는 것이여. 새처럼 자유롭게 훨훨 날아서……'

순간 발에서 차가운 느낌이 들면서 갑자기 무섭다는 생각이 들었다.

'오매, 나가 시방 뭣하고 있는다냐? 아니여, 요로케 끝낼 수는 없당께!'

대초리에 남아 있는 유일한 우물.
옛날에는 이 우물에서 물을 길어다 마시고
여인네들이 모여 앉아 빨래를 했다고 한다.
바로 이 우물가에서 온 동네 소문들이 만들어지고 퍼져 나갔다.

정신이 번쩍 들었다. 한 발자국도 더 들어갈 수가 없었다. 뒤로 돌아 집까지 정신없이 뛰었다. 집으로 돌아온 그녀는 젖은 옷과 개흙이 묻은 고무신을 시부모 몰래 빨면서 울고 또 울었다. 이후 몇 번에 걸친 자살 시도는 모두 실패로 끝나고 말았다.

살 생각보다는 죽을 생각으로 머릿속이 가득 차 있는 동안 그녀의 몸은 망가지기 시작했다. 시름시름 앓더니 이내 자리에 눕고 말았다. 며칠 있으면 낫겠지 싶었는데 병세는 갈수록 악화되었다. 시부모의 정성 어린 간호에도 불구하고 마음에서 생겨 몸으로 번진 깊은 병은 좀처럼 좋아지지 않았다. 몇 달을 그렇게 누워 있는 동안 머리카락까지 몽땅 빠져 버리고 말았다. 누가 봐도 죽을병에 걸린 모습이었다.

보다 못한 시부모는 소실 곁에서 희희낙락하던 아들을 불러왔다. 남편을 보면 기운을 좀 차릴까 하는 기대 때문이었는지 아니면 마지막 가는 길에 남편 얼굴이라도 보고 가라는 생각에서였는지는 알 길이 없었다.

마지못해 집으로 들어선 남편 정근택은 다 죽어 가는 부인에게 다가가 위로의 말을 건네거나 병세를 살피기는커녕 아내 방에 들어오지도 않고 문 밖에 서서 쳐다보기만 했다. 그러더니 퉁명스럽게 한마디 툭 내뱉었다.

"아따, 얼마든지 더 살 수 있는 시퍼런 나이에 꼬라지가 다 디져불게 생겼구만!"

그게 다였다. 자기가 만든 마음의 병 때문에 앓고 있는 아내 앞에서 그가 한 말은 고작 이 한마디가 전부였다. 그리고 뒤도 돌아보지 않고 나가 버렸다. 그는 이런 사람이었다. 구제불능. 이 말 외에는 그를 달리 표현할 말이 없었다.

남편이 다녀간 뒤 시부모의 지극한 간병 덕분에 그녀의 몸은 조금씩 나아졌다. 자리에서 겨우 일어나 앉기는 했지만 여전히 머리카락은 하나도 없었다. 기력을 회복하게 되면서 그녀는 머리에 수건을 두르고 집 안팎의 일을 거들기 시작했다.

한번은 이런 일도 있었다. 몇 년 동안 집에 들어오지 않던 남편이 어느 날 집으로 들어섰다. 간혹 집에 들어오면 볼일을 마치기가 무섭게 돌아가던 사람이 그날따라 밤늦도록 돌아가질 않았다. 그녀는 혹시나 하는 마음에 남편을 맞을 준비를 했다.

시집올 때 해 온 고운 비단 이불을 꺼내 방에 깔았다. 그토록 미워하던 남편이지만 부부란 게 뭔지 두근거리는 마음으로 남편이 자기 방에 들어오기만 기다리고 있었다.

그러나 남편은 끝내 그녀의 방을 찾지 않았다. 동이 트자마자 대문을 나서는 남편을 그녀가 붙잡아 세웠다. 그러고는 지금까지 가슴에 묻어 두었던 원망과 탄식의 말들을 거침없이 쏟아 냈다. 하지만 미친 듯 울부짖는 그녀를 냉정하게 뿌리친 남편은 한마디 말을 남긴 채 쏜살같이 사라졌다.

"왬마, 임금이 개하고 말하는 거 봤다냐?"

그것도 남편이라고 실낱같은 기대를 가졌던 게 잘못이었다. 그랬다. 남편 정근택은 그녀를 개로 취급했으며 자신은 임금처럼 높고 고귀한 존재라고 여기는 사람이었다. 그러니 무슨 대화가 필요했겠으며 해결

책이 있을 수 있었겠는가.

  그녀는 차츰 남편에 대한 기대와 미련을 버리기 시작했다. 이전에는 남편에 대한 원망도 컸지만, 그래도 혹시나 하는 일말의 기대를 가지고 참다 보면 좋은 세상이 오겠지 위로하며 살았지만 이즈음부터는 확실하게 남편에 대한 모든 희망을 버리고 혼자서 살아가는 법을 익히게 된다. 뼈저린 고독이 깊은 병이 되었다가 죽음과도 같은 홍역을 치르고 난 다음 스스로 고독을 이겨 내고 다스리는 길을 찾아낸 것이다.

소야, 소야,
너는 내 신세를 아니?

문준경의 결혼 생활에서 남편 다음으로 그녀를 힘들게 했던 건 손위 둘째 동서였다. 시부모가 생과부 신세가 된 막내며느리를 측은히 여겨 친딸처럼 아껴 주자 이를 시샘해서 틈만 나면 그녀를 괴롭히며 혹독한 시집살이를 시킨 것이다. 여자의 적은 여자라고 했던가. 같은 여자로서 그리고 며느리로서 불쌍한 처지에서 힘들게 살아가는 손아래 동서를 그토록 모질게 구박하다니 참으로 이해할 수 없는 일이었다.

어쩌다 밥을 조금 모자라게 하면 둘째 동서의 심술이 시작되었다.

"동서, 쌀 모아 뒀다 부자 될라꼬 그라능가? 여자가 손가늠도 지대로 못해 가꼬 무신 살림을 한다고 나대는 것이여! 시부모님 앞에서 아양만 잘 떨면 다랑가? 저 모양이니 작은 서방님이 집구석에 안 들어오시는 거여. 아, 색시가 좋으면 어느 신랑이 밖으로만 나돌겠능가."

추석 때 친정에 다니러 갔다가 친척 어른께 시댁 살림에 대해 몇 마디 한 것이 둘째 동서 귀에 들어가자 둘째 동서는 시댁으로 돌아온 그녀를 불러 꿇어앉히고 죄인 다루듯이 다그쳤다.

"으메, 시집 온 지 올매나 된다고 친정에 가서 시댁에 콩팥이 쪼깨

있느니 많이 있으니 건방지게 주댕이를 놀리고 다닌다냐! 가만 보니 큰일 낼 사람이네, 잉? 갓 시집 온 주제에 시댁 험담이나 하고 돌아댕기다니 혼 좀 나야 쓰겄네. 오늘 그 못된 버릇 고쳐 주꼬마!"

둘째 동서는 사람 속을 뒤집어 놓는 말만 골라서 하는 남다른 재주가 있었다. 자고로 시집살이가 아무리 힘들어도 자기를 사랑해 주는 남편만 있으면 참아 낼 수 있는 법이다. 그런데 남편은커녕 자기편이라곤 하나도 없는 시댁에서 누구에게 하소연할 길도 없었다. 그렇다고 시부모에게 이런 사정을 일러바칠 수도 없는 노릇이었다.

그녀는 아예 말을 하지 않고 살기로 작정했다. 그 뒤 그녀는 누가 묻는 말에만 대답을 하고 일절 사람들과 대화를 하지 않았다. 말을 하지 않고 산다는 건 경험해 보지 않은 사람은 도저히 상상조차 할 수 없을 정도로 고통스러운 일이었다. 하지만 괜히 트집을 잡혀 둘째 동서에게 구박당하며 사는 것보다는 낫다고 생각했다.

당시 그녀에게 유일한 말벗이 되어 준 것은 말 못하는 짐승이었다. 짐승들이야 말을 할 수 없으니 그녀가 무슨 이야기를 해도 남에게 전할 염려가 없었다.

"소야, 소야, 너는 내 신세를 아니? 서방이 있어도 덱꼬 살지 못하고, 입이 있어도 자유롭게 말도 못하는 내 신세를……. 내 신세가 어쩔라고 이리 되었는지 너는 아나?"

이런 반벙어리 생활이 몇 년 동안 계속되면서 막내며느리의 불쌍한 처지를 눈치 챈 시부모는 둘째 아들 내외를 분가시키기에 이른다. 둘째 동서가 없는 시댁은 천국 같았다. 시부모를 친부모처럼 섬기며 효

당시 여성들은 낮에는 논밭에 나가 허리가 끊어지게 일을 하고 돌아와 집 안에서 혼자 가사와 육아를 도맡아야 했으며, 밤에는 졸린 눈을 비비며 베틀에 앉아 길쌈을 하고 바느질에 매달려아만 했다.

성을 다하자 사람들은 그녀를 칭찬하고 인정하기 시작했다.

 문준경이 아무리 천사처럼 착하고 남을 미워할 줄 모르는 성품을 가진 여자라고 할지라도 인간적으로 도저히 사랑할 수 없는 한 여자가 있었다. 그 여자는 바로 결혼 첫날부터 자신에게서 남편을 빼앗아 간 정근택의 소실이었다.

 그런데 어느 날 그 소실이 만삭의 몸을 한 채 해산을 하기 위해 남편과 함께 시댁으로 들어온 것이다. 사람들이 어떻게 이렇게 염치 없고 뻔뻔스러울 수 있을까.

 보통 사람 같으면 집 안에 들여놓지도 않았을 것이다. 억지로 집 안에 들어왔다손 치더라도 거들떠보기도 싫었을 것이다. 그러나 문준경은 그러지 않았다. 원수 같은 소실을 '작은댁'이라고 부르며 자기 방으로 불러 손수 몸조리까지 해줬다. 이때는 아직 예수를 믿을 때도 아니니 '원수를 사랑하라'는 예수님 말씀을 실천하기 위해 그런 것도 아닐 텐데 사람이 어떻게 이렇게까지 선할 수 있는지 쉽사리 이해가 가지 않는 장면이다.

 아무튼 그녀는 소실의 건강한 해산을 위해 하루도 빠짐없이 방에 불을 지폈을 뿐만 아니라 아이를 낳을 때는 직접 받기까지 했다. 예쁜 딸이었다. 이때까지도 시부모는 소실을 거들떠보지 않았고, 소실이 낳은 손녀딸조차 처다보지 않았다.

 하지만 문준경은 마치 자기 딸인 것처럼 귀여워하면서 온갖 정성을 다해 아이를 돌봤다. 소실에게 매일 미역국을 끓여다 준 것도 그녀였다.

 아이는 무럭무럭 자랐고 겨울이 지나 봄이 왔다. 그러자 남편과 소실은 딸아이를 데리고 다시 그들의 거처를 찾아 떠났다. 정근택에게 본가는 필요할 때 와서 묵고 가는 여관이나 다름없었고, 아내 문준경은 식모나 유모에 지나지 않았다. 가면서도 고맙다는 말 한마디 없었다. 고마운 걸 아는 사람들이라면 그런 짓을 할 리도 없었다.

남편과 소실은 그렇다 치더라도 딸아이 문심이는 보고 싶어 견딜 수가 없었다. 오랫동안 정에 굶주렸던 그녀로서는 자신이 직접 받아 키운 예쁜 아기에게 푹 빠져 버리고 만 것이다.

문심이의 돌이 다가올 무렵, 그녀는 예쁘게 아기 옷을 지어 문심이를 보러 소실의 집을 찾아갔다. 그러나 쉽사리 집 안으로 들어갈 수 없었다. 바로 그때 남편이 나타났다. 아니나 다를까 남편은 그녀를 본 체만체 휙 지나가 버렸다. 게다가 소실은 달갑지 않다는 표정으로 퉁명스럽게 뭐하러 왔냐고 따져 물었다.

그날 그녀는 집에 들어가 보지도 못하고 아기에게 줄 옷가지만 전한 채 쓸쓸히 돌아서야 했다. 철저한 문전박대였다. 남편이야 원래 그런 인간이라 해도 소실이라는 여자는 그래서는 안 되는 입장이었다. 자기가 해산할 때 그렇게 정성스럽게 돌봐 주고 아이를 받아 온갖 사랑을 다 쏟으며 키워 준 사람인데 그렇게 대할 수는 없는 일이었다.

돌아오는 길에 그녀는 눈물이 앞을 가려 걸을 수가 없었다. 괜히 길을 나섰다고 후회했지만 이미 지난 일이었다. 그 뒤로 그녀는 소실의 집을 두 번 다시 찾지 않았다.

시집에서의 유일한 기쁨

문준경의 결혼 생활 중에서 유일하게 위안이 된 것은 시아버지였다. 비록 남편을 잘못 만나 괴롭고 힘든 나날을 보내고 있었지만 시아버지의 따뜻한 배려와 보살핌 때문에 그나마 모진 세월을 참고 견딜 수 있었다.

시아버지는 언제나 막내며느리 편이었다. 망나니 같은 아들을 둔 잘못으로 며느리에게 늘 죄인의 심정으로 살았던 것 같다. 그녀가 간혹 슬픔과 분을 못 이겨 우물가에 있던 바가지를 던져 깨 버리거나 물동이를 박살 내는 일이 있을 때에도 얼마나 속이 상하고 답답하면 저럴까 하면서 분이 풀릴 때까지 하고 싶은 대로 하도록 바라만 보았다.

그러던 어느 날, 시아버지가 그녀를 불러 조용히 말을 건넸다.

"아가, 고생이 많지? 나가 정말 너를 볼 면목이 없당께. 이 미친놈이지 마누라를 버리고 애비에미 말도 안 들어 처먹으니 어째야 쓸지 모르겠다. 인자 너도 그 놈을 서방이라 생각할 것 없다. 앞으로 니 혼자 살아갈 궁리를 하거라. 근디 어려운 일이 한두 가지가 아닐 것이다. 그랑께 일단 글이라도 익혀 두는 거이 어떠냐? 너는 총명하고 똑똑하니께 금방 배울 수 있을 것이다. 국문이라도 배워 두면 사는 데 도움이 되겄지. 나가 가르쳐 줄랑께."

시아버지 이야기를 듣고 난 문준경은 뛸 듯이 기뻤다. 그토록 소원하던 글을 배울 수 있게 되다니 꿈만 같았다. 그동안 힘들었던 모든 고통과 시름들이 눈 녹듯 녹아내리며 눈에서는 눈물이 흘러내렸다. 살다 보니 이렇게 기쁜 날도 있었다.

"아버님, 징하게 고맙고만잉. 사실 옛날부텀 글을 배우고 싶었당께요. 그란디 여자는 글을 배울 필요가 없다꼬 해서 고만 포기하고 살았어라. 이라고 아버님께서 글을 가르쳐 주신다꼬 하니 너무 좋아서 말문이 다 막힌당께요. 참말로 열심히 배우겄어라. 아버님!"

그날부터 그녀는 시아버지로부터 한글을 배우기 시작했다. 시아버지는 종이에 글을 써서 담뱃대로 한 자 한 자 짚어 가며 가르쳐 주었다. 그녀는 큰 소리로 따라 읽으며 글을 배웠다.

"기역, 니은, 디귿, 리을…… 가, 갸, 거, 겨, 고, 교, 구, 규……."

그 시절 연필과 공책이 있을 리 없었다. 글을 쓸 수 있는 곳이라면 어디에라도 글을 써 가며 익히고 또 익혔다. 짚신 삼는 데 쓰는 신골을 깎아 벼루를 만들고 시아버지에게 붓을 한 자루 얻어, 하얀 공간만 있으면 쉬지 않고 글 쓰는 연습을 했다.

밤에는 어두운 초롱불 밑에서 글을 배웠다. 초롱불 밝기란 게 변변치가 않아서 등불 근처에서나 겨우 글을 읽을 수 있었지만 힘든 줄도 모르고 밤낮으로 글 배우는 일에만 몰두했다. 글을 배우는 동안에는 전혀 외롭지도, 힘들지도 않았다. 남편 생각은 티끌만큼도 나지 않았다.

　이렇게 글 배우는 일에 최선을 다한 결과 얼마 지나지 않아 한글을 다 깨우쳐 자유자재로 글을 쓰고 읽을 수 있게 되었다. 가르친 시아버지도 신기할 정도였다.

　이때부터 그녀는 닥치는 대로 책을 읽기 시작했다. 그래 봐야 시골 섬마을에 읽을거리가 많지는 않았지만 글이 있는 거라면 뭐든지 가져다 읽고 또 읽었다. 아마도 그녀가 경성에서 태어나 일찍부터 신학문을 배울 수 있었다면 대단한 학자가 되었거나 아니면 여성 운동가 내지는 독립 운동가가 되었을지도 모른다.

　그녀는 글을 배우고 난 뒤로 자신의 삶이 확연히 달라졌다는 걸 느낄 수 있었다. 이제는 집 나간 남편만 바라보며 하염없이 눈물로 기다리다 지쳐 가는 그런 삶이 아니었다. 자신의 신세를 한탄하며 아무런 목표나 의미 없이 하루하루를 살아가는 그런 삶도 아니었다. 마음만 먹으면 뭐든 읽고 쓰고 알게 되었기 때문에 자신이 알고 확신하는 바를 행동으로 옮길 수 있는 능동적인 삶을 살게 된 것이다.

　나중에 그녀가 예수를 믿게 되었을 때 빠른 시간 안에 깊은 신앙의 단계로 들어갈 수 있었던 것은 틈나는 대로 열심히 성경을 읽고 암송하고 묵상했기 때문이었다. 그리고 계속해서 신학을 공부하여 여성 목회자가 된 것 역시 그녀의 끝없는 호기심과 학구열 때문이었다. 시아버지로부터 우연히 배우게 된 글은 그녀의 인생을 서서히 바꿔 나가는 소중한 촉매가 되고 있었던 것이다.

시댁에서의 유일한 기쁨은 시아버지로부터 한글을 배운 것이다.
그녀는 시아버지가 가르쳐 준 대로 열심히 글을 배웠다.
글을 쓸 수 있는 곳이라면 어디에라도 글을 써 가며 익히고 또 익혔다.
모래사장이나 땅바닥은 더없이 좋은 공책이었다.

재봉틀과 삯바느질

시집살이를 통해 유일하게 위안과 희망이 되어 주셨던 시아버지가 세월의 무게를 견디지 못하고 자리에 눕게 되었다. 문준경은 온갖 정성을 다 바쳐서 시아버지를 간호했다. 그러나 백약이 무효했다. 결국 시아버지는 일어나지 못하고 세상을 떠나고 말았다.

시아버지의 죽음은 그녀에게 커다란 충격이었다. 친아버지도 가르쳐 주지 않았던 글을 가르쳐 주셨고, 자신을 친딸보다 더 아끼고 사랑해 주셨으며, 남편 없는 시댁에서 그래도 살아가야 할 이유를 주신 분이 바로 시아버지였다. 오히려 친아버지보다 더 많이 사랑해 주셨고, 더 지극한 정성으로 모신 어른이었다.

이제부터는 누구를 의지하고 살아야 할지 막막했다. 아니, 결혼 생활이라는 것 자체가 아무런 의미가 없었다. 남편 없는 시댁에서는 살 수 있었지만 시아버지가 안 계신 시댁에서는 살 이유가 없었다. 장례식 날 그녀는 실신할 정도로 목 놓아 울고 또 울었다.

그녀는 시아버지의 삼년상을 치렀다. 온 마을에 효부로 이름이 알려질 정도였다. 삼년상을 치른 후 시어머니와 그녀는 증동리에 사는 큰

남편이 없는 시댁에서는 살아도 시아버지가 안 계신 시댁에서는 살 이유가 없었다.
시아버지의 삼년상을 치른 후 문준경은 시어머니와 큰 시숙의 집으로 이사를 갔다.
사진은 처음 시집가 살던 둥선리 전경. 지금은 대초리로 편입되었다.

시숙의 집으로 이사를 가 살림을 합쳤다. 등선리 큰집에서 시어머니와 며느리, 여자 둘이서만 살기에는 너무 적적했던 것이다.

큰 시숙 정영범 씨는 시아버지 다음갈 정도로 문준경에게 잘해 주었다. 시아버지와 마찬가지로 동생 때문에 고생하는 그녀에게 늘 미안한 마음이었다. 나중에 큰 시숙은 그녀의 목회 활동에 커다란 동역자 역할을 하게 된다.

한때 큰 시숙의 둘째 아들 태진이를 양아들로 삼아 사랑을 베풀며 즐거운 나날을 보냈으나 태진이 부부가 결혼한 후 경성으로 올라가게 되자 또다시 홀로 남게 되었다.

그즈음 그녀는 시집 와서 20여 년을 살던 증도를 떠나 친정 오빠가 살고 있는 목포로 이사하게 되었다. 그리고 목포 북교동 근처에 단칸 셋방을 얻어 살면서 재봉틀로 삯바느질을 해서 생활을 꾸려 나갔다. 세탁소라는 게 없던 시절이라 바느질 솜씨만 좋으면 일감은 꾸준히 있었지만 하루 종일 방 안에 앉아 바느질만 하다 보면 몸도 힘들 뿐만 아니라 마음도 심란해져 자꾸 옛날 일만 떠오르곤 했다.

바로 이때, 삶에 아무런 낙이 없을 것 같았던 바로 그 순간. 이제는 인생의 그 고단한 여정에서 그만 좀 놓여났으면 좋겠다는 생각이 들 그 무렵 예수님은 그녀의 마음 문을 조용히 두드리고 있었다. 인간적으로 보자면 그녀는 소박맞은 한스러운 여인이었지만 예수님은 그녀의 깊은 슬픔과 인생의 쓴 잔을 사랑과 은혜로 가득 채우실 준비를 일찍부터 하고 있었던 것이다.

1927년 3월 5일, 문준경은 평소와 다름없이 부지런히 삯바느질을

문준경 전도사가 쓰던 일제 재봉틀.
지금도 윤기가 흐르고 재봉질이 가능할 정도로 보존 상태가 좋다.
시아버지가 돌아가신 뒤 목포 북교동 근처에 단칸 셋방을 얻어 살게 된 문준경은
재봉틀로 삯바느질을 하며 생활을 꾸려 나갔다.

하고 있었다. 그런데 누군가 방문 밖에서 인기척을 냈다.

"아무도 안 계시오? 쪼깨 들어가도 될까라?"

그녀는 삯바느질 일감을 가져온 사람인줄 알고 들어오라고 하고는 바느질에만 몰두하고 있었다.

"안녕하시오?"

자신과 비슷한 또래의 점잖은 부인이었는데 삯바느질을 맡기러 온 사람 같지는 않았다. 자리에 앉은 부인은 가만히 가방을 열더니 책 두 권을 꺼냈다. 성경책과 찬송가였다. 책이라면 뭐든지 좋아했던 그녀였지만 성경책과 찬송가는 이때 처음 구경을 했다.

"자매님, 예수님 믿고 구원받으시오. 그래야만 천국에 갈 수 있당께요. 예수님을 믿지 않고 죽어불믄 우리를 기다리는 것은 뜨거운 지옥의 불구덩이랑께요. 자매님, 사는 게 얼매나 고단허고 헛됩니까. 이런 세상에 참말로 믿을 거라고는 예수님밖에 없어라. 그분은 우리의 구세주가 되신당께요. 우리의 죄를 대신 지고 십자가에 달려 죽으셨고, 죽은 지 사흘 만에 부활하신 하나님의 아들이시지라. 그분을 믿어야만 살 수 있어라. 지랑 같이 교회에 나가서 예수님에 대해 더 알아보시지 않을랑가요?"

무슨 말인지 하나도 알아들을 수가 없었다. 하지만 그녀는 오랜만에 자기 또래의 부인과 마주 앉아 이야기를 나누다 보니 그 부인이 친근하게 느껴졌다. 목포로 이사 온 이후 이렇다 할 대화 상대가 없었기 때문에 누구와 길게 이야기를 나눌 기회가 없었던 것이다.

"지는 시방 손님 말씀이 뭐가 뭔지 통 알아들을 수가 없당께요. 근디 이상시럽게도 무슨 말인지 쪼깨 더 알아보고는 싶네요. 지는 자식도 남편도 없는 사람이어라. 괜찮으시면 편히 앉아 자세히 이야기 좀 해보시오."

이렇게 해서 두 사람은 처음 만나자마자 친구처럼 긴 시간 이야기를 나누게 되었다. 대화는 날이 어두워질 때까지 이어졌다. 그녀는 처음 보는 부인 앞에서 지난날들을 고백하며 여러 번 눈물을 흘렸다. 마치 인생 상담을 하는 것 같았다.

'그려. 지금까지 나가 누구 하나 의지할 데 없이 살아왔는디 이 여자 말이 사실이라면 정말 새로운 인생을 한번 살아 볼 수 있는 것 아니당가. 그렇다면 믿어 보는 것이여. 마지막으로 한번 속는 셈 치지 뭐.'

그녀는 그날 이렇게 마음먹었다. 속아 봐야 손해날 것도 없었다. 매일 삯바느질이나 하며 말벗도 없이 외롭게 살아가는 처지에 말벗도 생기고 할 일도 생기고 읽을 책도 생겼으니 밑질 게 없다는 생각이었다. 따지고 보면 사실이 그랬다.

그래서 돌아오는 주일에 북교동에 있는 초가 교회에 나가기로 그 부인과 약속을 했다. 북교동에 있는 초가 교회는 훗날 한국 교회가 낳은 위대한 영적 지도자이며 부흥사였던 이성봉 목사가 전도사로 부임하게 되는 개척교회였다. 바로 이 교회를 통해 문준경은 예수 그리스도를 만나고 이성봉 목사를 만남으로써 이제까지 한 번도 상상해 보지 못했던 전혀 다른 새로운 인생을 살게 된다.

제3장

남편의 아내에서
예수의 신부로

목포 북교동교회와 이성봉 목사

　문준경이 전도부인을 따라 나간 북교동에 있는 초가 교회는 장석초 전도사가 처음 개척한 목포교회였다. 장석초 전도사는 뒤늦게 경성성서학원에 입학하여 신학을 공부한 분으로, 졸업 후 아버지로부터 물려받은 전 재산을 처분하여 과부와 가난한 사람들에게 나눠 준 다음 남은 돈을 가지고 목포에 내려와 교회를 개척했다. 원래 한학자 출신이었기 때문에 한시와 고전을 두루 섞어 구수하게 설교를 잘해서 사람들에게 인기가 있었다.

　문준경은 꾸준히 교회에 출석하여 1928년 6월에 세례를 받았다. 세례 받은 지 얼마 되지 않아 장석초 전도사는 압해도로 떠나게 되었고, 후임에 김응조 목사가 부임했다. 이분도 나중에 신학자로 크게 이름을 날린 분으로, 작은 개척교회였지만 교인들에게 성경을 체계적으로 가르치고 훈련을 시켰다.

　그러다가 이분마저 목회지를 대전으로 옮기게 되어 1931년 3월 25일 세 번째 목회자로 이성봉 전도사가 목포교회에 부임하게 되었다. 이성봉 전도사가 목회를 맡게 되면서 목포교회는 날마다 교인들

목포 북교동교회에서 문준경과 이성봉 목사가
함께 찍은 사진을 보면 당시 두 사람의
영적 관계를 잘 알 수 있다. 이성봉 목사는
'통일 복장'과 '통일 수염'으로도 유명했다.

이 늘어 놀랍게 부흥하게 되었으며, 뜨거운 성령의 불길이 일어 목포 전체로 확산되어 나갔다.

이때까지 낮에는 삯바느질을 하고, 밤에는 성경을 읽거나 교회에 나가 성실하게 신앙생활을 하던 문준경은 자기도 모르는 사이에 새로운 삶의 희망과 활력을 찾아 가고 있었다. 그러던 차에 자신의 영적 스승이라고 할 수 있는 이성봉 전도사를 만나게 됨으로써 하나님의 커다란 은혜를 체험하기에 이른다.

이성봉 목사는 1900년 7월 4일 평안남도 강동군 간리에서 아버지 이인실 씨와 어머니 김진실 씨 사이에서 장남으로 태어났다. 감리교 권사였던 어머니의 영향을 받아 어려서부터 신앙 속에서 자라난 그는 중학교 때 전설적인 부흥사였던 김익두 목사의 설교를 듣고 감동을 받아 자신도 나중에 저런 목사가 되겠다고 결심한다.

하지만 가정 형편이 어려워 더 이상 공부를 계속하지 못하고 장사를 하게 되었다. 겨울에는 나무를 베어 팔고, 여름에는 과일을 내다 팔았다. 장사를 한다는 게 그리 쉬운 일이 아니었기에 생활에 지친 그는 점점 예수를 멀리하고 방탕한 삶 속으로 빠져들었다.

게다가 뜻하지 않게 오른쪽 다리에 골수염이 걸려 꼼짝없이 죽는 날만 기다리는 신세가 되고 말았다. 이때 그는 다시 예수를 돌아보게 되었고, 날마다 눈물로 죄를 회개하며 매달렸다. 밤낮으로 성경을 읽고 또 읽었다. 그렇게 3년의 시간이 지나갔다.

그런데 곧 죽을 것 같았던 그의 골수염이 3년 만에 깨끗하게 없어졌다. 기적적으로 병이 나은 것이다. 그는 기쁨의 눈물을 흘리면서 중학교 때 다짐했던 맹세를 떠올렸다.

'그래, 다 죽은 목숨 하나님께서 살려 주셨으니 이제 남은 인생 하나님의 충성스러운 일꾼으로 살아야겠다.'

이성봉 목사는 전도인이 되기 위해 신학교 입학을 준비했다. 그러나 중학교도 제대로 나오지 못한 그를 받아 주는 신학교는 없었다. 학벌이 문제였다. 고민하던 끝에 경성성서학원을 알게 되었다. 학벌이 변변치 않은 자신을 받아 줄 곳은 그곳밖에 없었다.

어렵사리 경성성서학원에 입학한 그는 재학 중에 청량리교회 주일학교를 맡아 일하게 되었는데, 이때 워낙 열정적으로 어린이 전도와 목회에 힘을 쏟아 주일학교 역사상 유례없는 큰 부흥을 이루었다. 이미 학생 시절부터 부흥사의 재질을 유감없이 드러낸 것이다.

1928년 졸업과 함께 그는 수원에 파송되어 교회를 개척했다. 지금은 각 교회에서 목회자를 자율적으로 초빙하는 형식이지만 당시 성결교회는 감독 제도를 채택하고 있었기 때문에 가톨릭처럼 본부에서 각 교회로 목회자들을 파송했다.

이성봉 전도사는 사람들이 많이 모인 곳이면 역전이나 장터를 불문하고 달려가 북 치고 나팔 불면서 전도를 했다. 그의 설교는 우렁차고 감동적이어서 모든 사람들이 주목해서 듣지 않을 도리가 없었다. 찬송도 맛깔스럽게 잘 불렀다.

전도해서 예수를 믿기로 한 사람의 가정을 방문하여 병자에게 안수기도를 하면 병자가 자리에서 그대로 일어났고, 귀신 들린 사람에게 기도를 하면 이내 제정신으로 돌아왔으며, 예수 믿는 걸 방해하고 전도를 훼방하던 사람들이 돌이켜 죄를 회개하고 예수를 믿게 되는 기적들이 계속해서 일어났다.

목포교회로 부임한 후에도 그는 쉬지 않고 기도와 전도에 온 힘을 쏟았다. 청신기도단을 만들어 매일 새벽 유달산에 올라 목포 앞바다가 내려다보이는 넓은 바위에 둘러앉아 바위를 두드리며 찬송을 부르고 통성기도를 했다.

"하나님! 죄 있는 장소, 불의한 집, 개인의 집은 좋은 집이 많은데, 주님의 성전이 셋집이 웬 말입니까?"

그는 날마다 이렇게 기도했고, 그 결과 1년 만에 기적처럼 새 예배당을 짓게 되었다. 참으로 우연하게도 그때 예배당을 짓는 데 가져다 쓴 돌이 바로 이성봉 전도사가 둘러앉아 기도하던 유달산 바위였다고 한다.

이때 목포교회 집사였던 문준경은 이성봉 전도사를 따라다니며 함께 심방을 했고, 열심히 개인 전도에 힘썼으며, 장례식이나 혼인식 등 집회마다 참석하여 찬송을 불러 흥을 돋웠다.

1932년 4월 이성봉 전도사는 드디어 목사 안수를 받았다. 이후 목포 앞바다에 있는 여러 섬들을 두루 다니며 전도하면서 목포교회를 호남 제일의 교회로 성장시킨 이성봉 목사는 1935년 신의주교회로 발령을 받아 떠난다. 목포교회 성도들의 슬픔과 아쉬움은 대단히 컸지만 본부의 명령에 따라야 했다. 이성봉 목사는 신의주교회에 가서도 큰 부흥을 이루었고, 1,000명 이상을 수용할 수 있는, 당시로서는 전국에서 제일 큰 예배당을 지었다.

목포 지역에 교회가 점점 늘어나면서 목포교회는 교회 이름을 북교동교회로 바꿔 부르게 되었다. 이성봉 목사는 대한민국 정부가 수립된 다음 1948년부터 1949년까지 1년 동안 다시 북교동교회에서 목회를 한 후 본격적으로 전국 방방곡곡을 돌아다니며 부흥사로 활약하기에 이른다.

해방 이후 그는 한국 교회를 대표하는 영적 지도자이자 대부흥사로 기적과도 같은 열매들을 거두었으며, 나중에는 미국으로 건너가 로스앤젤레스, 워싱턴, 보스턴, 하와이, 필라델피아 등 전국 각지에서 집회를 인도하며 미국 교회와 국민들을 깜짝 놀라게 만들었다. 미국인들은 이성봉 목사를 미국이 낳은 세계적인 부흥사 무디에 비교하며 '제2의 무디'라고 불렀다.

그는 '통일 복장'과 '통일 수염'으로도 유명했다. 어려운 시절 목사라고 꼭 양복을 빼입어야 하는 건 아니라며 늘 보통 사람들과 같은 옷을 입었고, 통일이 되기 전에는 수염을 깎지 않겠다며 길게 수염을 기르고 다녔다.

이성봉 목사가 이처럼 놀라운 복음의 결실을 맺으며 한국 교회를 대표하는 지도자요 부흥사로 교회와 성도들로부터 존경과 사랑을 한 몸에 받을 수 있었던 것은 흔들림 없는 철저한 자기관리와 성결한 삶 때문이었다. 그는 돈에 얽매이지 않았고, 여자 문제로부터 깨끗했으며, 결코 명예를 따라다니지 않았다. 오직 하나님만 바라보고 목회했던 진정한 목자였다.

평양대부흥운동과 성결교회

2007년은 평양대부흥운동 100주년을 맞는 해였다. 그런데 공교롭게도 그해 장로교, 감리교와 더불어 한국 개신교 3대 교단으로 불리는 성결교 역시 이 땅에 뿌리를 내린 지 꼭 100주년을 맞게 되었다. 20세기 초 바람 앞의 촛불과도 같았던 우리나라의 험난한 운명 속에서 이 민족을 향하신 하나님의 사랑과 은혜는 원산에서 평양으로 이어지며 회개와 각성의 대부흥운동으로 타오르게 하셨고, 준비된 사람들에 의해 성결교회의 씨앗을 뿌려 성결의 운동이 싹트게 하셨다.

마틴 루터의 종교개혁 이후 하나님의 주권을 강조한 프랑스 사람 칼뱅에 의해 장로교회가 세워졌고, 체험적 신앙과 성결한 삶을 강조한 영국 사람 웨슬리에 의해 감리교회가 세워졌다. 이후 미국으로 전파된 감리교회는 초기 웨슬리 신학의 핵심이었던 '성결'에 대한 해석을 달리함으로써 이를 회복하기 위한 새로운 부흥운동이 일어나게 된다. 이 부흥운동의 중심에는 무디라는 위대한 부흥사가 있었다.

감리교회에서 파생된 이 새로운 부흥운동에 영향을 받은 미국인 카우만 목사와 킬보른은 일본으로 건너가 동경성서학원을 설립하여 선교에 힘쓴다. 바로 이때 조선인 청년 정빈, 김상준 두 사람이 일본으로 유학 갔다가 예수를 믿게 되었고, 카우만 목사와 함께 동양 각국에 복음을 전파하려는 목적으로 동양선교회를 만들게 된다.

이미 조선에는 1885년 감리교 선교사 아펜젤러와 장로교 선교사 언더우드가 입국하여 활발한 선교 활동을 펼치고 있었다. 정빈, 김상준은 1907년 카우만, 킬보른과 함께 귀국하여 경성에 있는 무교동에 작은 집을 얻어 동양선교회 예수교 복음전도관을 세운다. 이것이 한국 성결교회의 시작이다.

이들은 동양선교회에서 강조한 중생, 성결, 신유, 재림의 사중복음을 들고 종로 거리로 나가 "예수 믿으시오! 예수를 믿으면 구원받고 천국에 갈 수 있습니다!"라고 외치며 전도에 심혈을 기울였다. 정빈, 김상준 두 사람은 설교도 잘하고 악기도 잘 다뤘으며 호소력이 있어 많은 사람들이 복음전도관에 모여 정기적으로 집회를 가졌다.

사중복음이란 예수를 구주로 믿고 고백하면 거듭나서 천국에 갈 수 있다고 하는 중생과, 물과 성령으로 거듭나면 성령이 임하게 되어 죄 사함을 받고 이후 타락과 유혹을 이기며 구별된 삶을 살아야 한다는 성결, 하나님 은혜로 몸과 마음이 병 고침을 받는 신유 그리고 언젠가 예수 그리스도가 이 땅에 다시 오신다고 하는 재림의 소망이 그것이다.

성결교회가 강조하는 사중복음 중에서도 특히 중요한 것은 성결이다. 당시 우리 사회에 가장 필요한 것이 바로 성결한 삶이었다. 구한말 우리나라는 위아래 남녀노소 할 것 없이 심각한 도덕 불감증에 걸려 있었다. 관리들의 부패는 극에 달했고, 도적질이나 거짓말은 일상적인 것이었으며, 치안도 불안했고 안보도 위험천만하던 시절이었다. 남자들은 아주 떳떳하게 첩을 데리고 살았으며, 여자들에게는 사회 활동과 교육을 금한 채 일방적인 순종만 강요하였다. 부부간에, 부모와 자식 간에, 고부간에, 임금과 신하 간에, 노인과 젊은이 간에 사랑과 존경과 배려가 메말라 있었다.

이럴 때 성결교회는 사람들에게 "너희 몸을 하나님이 기뻐하시는 산 제물로 드리라"는 말씀처럼 깨끗하고, 정직하고, 순결하게 살도록 가르쳤다. 술과 담배를 끊고, 노름을 하지 말도록 했으며, 남자들은 절대 외도를 하거나 첩을 데리고 살지 말도록 당부했다. 전통적으로 당연하다고 생각해 온 많은 잘못된 관습과 풍속을 고치거나 버리도

충정로 아현교회 부지에 있는 옛날 경성성서학원 모습.
초창기에 성결교회 본부 겸 경성성서학원 건물로 사용하였다.
붉은 벽돌로 지은 5층 건물로, 당시 장안에
화제가 되기도 했던 이곳에서
문준경 전도사는 신앙심과
향학열을 태웠다.

록 했다.

이것은 평양대부흥운동에서 나타난 회개운동과도 연결된다. 평양대부흥운동의 특징 중 하나는 자신의 죄를 철저하게 고백하고 돌아서는 일이었다. 이때 집회 중에 은혜를 받은 사람들은 너도나도 자리에서 일어나 이전에 지은 죄를 사람들 앞에서 낱낱이 고백했다. 돈을 떼먹고 갚지 않은 죄, 아내를 때리고 욕을 한 죄, 간음한 죄, 첩을 데리고 산 죄, 노름을 해서 남의 집을 패가망신시킨 죄, 사람을 죽인 죄…….

평양대부흥운동에서 나타난 이러한 철저한 회개운동은 잃어버린 도덕성을 회복하고 건강한 정신으로 재무장하는 계기가 되었다. 기독교는 개인과 사회, 국가와 민족을 막론하고 하나님 앞에서 철저하게 깨끗한 몸과 마음을 유지하도록 강조하고 가르친다. 이런 의미에서 평양대부흥운동과 성결교회가 똑같이 1907년에 시작되었다는 것은 참으로 의미심장한 일이 아닐 수 없다.

장로교와 감리교 선교사들은 조선에 들어와 장기적인 계획을 가지고 병원을 짓고 학교를 만들어 의료, 교육 사업을 통해 서서히 복음을 전파하는 방식을 택하였다. 오랜 선교 경험과 자원이 있던 그들은 이런 방법으로 조선에 깊이 뿌리를 내리고 있었다.

그러나 성결교회는 선교에 관한 체계적인 프로그램이나 자원이 거의 없었기 때문에 늘 길거리 전도와 대중 집회를 통해 복음을 전하고 교회를 세웠다. 북 치고 나팔을 불면서 길거리에서 복음 전단을 나눠 주며 즉석에서 거리 설교를 하는 것이 성결교회의 특징이었다. 사람들 특히 어린이들은 흥에 겨워 길거리 전도대 뒤를 졸졸 따라다니기도 했다.

 이들은 동양선교회에서 파송한 영국인 토마스 선교사와 함께 복음을 전하면서 1911년 복음전도관 안에 경성성서학원을 설립하여 많은 인재를 배출하였다.

 시간이 지날수록 복음전도관이 날로 부흥하게 되자 1921년 복음전도관이라는 이름 대신 조선 예수교 동양선교회 성결교회라는 이름을 사용하였다. 비로소 본격적인 교단의 모습을 갖춰 가기 시작한 것이다. 이즈음 충정로에 성결교회 본부 겸 경성성서학원 건물을 신축하였다. 당시 4천여 평 대지 위에 붉은 벽돌로 5층 건물을 지었는데, 사람들 사이에서 화신백화점 다음가는 높은 건물이라 하여 장안에 화제가 되기도 했다.

 그 뒤 경성성서학원은 1943년 신사참배를 반대하다가 폐교를 당했으며, 1945년 8월 15일 광복과 더불어 개교하여 서울신학교로 이름을 바꾸었다가 1959년 다시 서울신학대학으로 개명하였다. 그리고 1974년 경기도 부천시 소사구로 학교를 옮겨 성결교회를 이끌어 가는 수많은 목회자들의 요람이 되었다.

 지금은 아현성결교회에서 사용하고 있는 옛 경성성서학원 건물은 마루로 된 긴 복도 양 옆으로 나란히 방들이 들어서 있고, 밖에는 담쟁이넝쿨이 붉은 벽돌 건물 전체를 휘감고 있어 오랜 세월의 흔적을 고스란히 느낄 수 있다. 서울 도심에서는 보기 드문 오래된 건축물이라 미술을 공부하는 학생들이 즐겨 찾는 곳이기도 하다.

머리에 오물을 뒤집어쓰다

　이성봉 전도사를 만나 장님이 눈을 뜨듯, 막막했던 인생 속에서 찬란한 한 줄기 햇빛을 발견하게 된 문준경은 날이면 날마다 사는 게 참으로 즐겁고 행복했다. 이때부터 그녀는 하루도 빠짐없이 새벽기도회에 나가 기도에 매달리면서 틈나는 대로 자신이 전도를 받았던 것처럼 사람들을 찾아다니며 복음을 전하기 시작했다.

　예수 믿고 구원받기 전에는 보통 그 시절 여인네들이 다 그랬듯이 그녀 또한 남편만 바라보고 살았다. 비록 집에서는 얼굴 보기도 힘든, 바람피우는 남편이지만 그래도 시집간 여자가 바라볼 건 남편밖에 없었기 때문에 언젠가는 돌아오겠지 기다리며 세월을 보냈다. 나중에는 그마저도 포기했지만 힘들고 고통스러운 건 마찬가지였다.

　그러나 예수를 믿게 된 다음부터 그녀는 남편의 사랑이 그립지 않았다. 그보다 훨씬 놀랍고 큰 예수 그리스도의 사랑을 체험했기 때문이었다. 남편 사랑으로 치자면 그녀는 헐벗고 굶주린 거지나 다름없었지만 예수 사랑으로 치자면 그녀는 누구보다 화려한 집에서 예쁜 옷을 입고 기름진 음식을 먹으며 사는 부자 중에 부자였다.

그러던 어느 날, 문득 고향에 계신 부모님 생각이 났다. 먼저 내 부모와 형제들에게 복음을 전해 구원받게 하는 게 도리라고 생각했다. 오랫동안 보지 못한 그리움도 컸기에 부랴부랴 짐을 꾸려 암태도로 향했다.

친정집 문을 들어서는데 자꾸만 눈물이 났다. 옛날 시집가기 전에 철없이 지내던 기억이며, 결혼하고 나서 남편 때문에 속상할 때마다 그리워했던 기억이며, 생과부가 되어 다시 가려야 갈 수 없는 곳이 되고 만 친정에 대한 아픈 기억들이 주마등처럼 스쳐 지나갔다.

부모님과 친정 식구들은 생각지도 않았던 그녀의 방문에 깜짝 놀라며 버선발로 뛰어나와 반겨 주었다. 참으로 오랜만에 단란하게 친정 식구들이 모여 이야기꽃을 피웠다. 여자들에게 친정이란 단순히 고향집의 의미가 아니다. 친정은 아늑한 어머니의 품속과도 같은 곳이다.

이런저런 이야기를 나누다 보니 시간은 흘러갔다. 모처럼 가족들을 만나 정을 나누는 것도 좋지만 그녀는 빨리 이들에게 복음을 전해야 한다는 생각에 초조해졌다.

"무신 할 말이 있어 온 거여? 망설이지 말고 할 야그가 있으면 해 보랑께."

분위기를 파악한 아버지가 먼저 그녀에게 말을 건넸다. 그녀는 두근거리는 가슴을 쓸어내리며 조용하고 분명하게 말을 이어 갔다.

"아부지, 지가 친정에서 귀염 받고 철없이 살다가 시집을 갔는디 어쩐 영문인지 이상한 서방을 만나 사랑 한번 받아 보지 못하고 징하게 외롭고 힘든 세월을 살아왔당께요. 그때는 그거이 겁나게 괴롭고 고통스러웠는디 시방은 전혀 그렇지가 않아라우. 왜냐믄 예수님을 알게 되었기 때문이지라. 예수님은 우리 죄를 대신해서 십자가에 달려 돌아가신 하나님의 아들이랑께요. 누구든 이분을 믿기만 허믄 구원을 받고 천국에 들어갈 수가 있어라. 근디 그라나믄 영원한 지옥에 떨어질 수밖에 없당께요. 인자 아부지도 예수님 믿으시고 구원받으시오. 지는 시방 겁나게 기쁘고 행복하게 살고 있어라. 아부지와 우리 식구들 몽땅 다 예수 믿고 행복하게 살았으면 소원이 없겠어라. 아부지, 예수 믿으시오. 야?"

이때까지 말없이 듣고만 있던 아버지는 벌컥 화를 내며 소리를 질렀다.

"오매, 징해 뿔그마. 아니 시집가서 고생한다꼬 짠한 마음에 잘 대해 주꼬마 이건 또 무신 소리다냐? 니 아주 미쳤제? 예수가 머시 어쩌고 어째? 서방 없이 살드만 돌아뺐나? 그따구 말 하려믄 다신 오지 마라. 싸게 꺼져 버리랑께!"

세월이 많이 흘렀지만 아버지는 전혀 변하지 않았다. 옛날부터 가지고 있던 그 고리타분한 관습과 전통을 그대로 간직하고 있었다. 울컥하는 성격도 여전했다.

"지가 미친 기 아니고만잉. 시방 겁나게 귀중한 천국 복음을 말씀드리는 거랑께요."

"양반 가문인 우리 집안에서 그랗게 믿을 기 엄써 서양 놈들이 믿는 도를 믿는단 말이여? 그라내도 왜놈들 극성에 못살겄는디 인자 것도 모질라 서양 놈들이 믿는 걸 믿으라꼬? 그라고 댕기니 서방이 저 모양인 것이여. 아, 집안 망신시키지 말고 싸게 돌아가라니께!"

돌아앉은 아버지 뒤에 대고 문준경은 끈질기게 다시 복음을 전했다. 그랬더니 아버지가 갑자기 벌떡 일어나 마당으로 뛰어나갔다. 그러고는 냄새나는 썩은 물을 한 삽 퍼다가 그녀의 머리 위에 끼얹었다. 어머니가 아무리 말려도 소용이 없었다. 냄새가 방 안에 가득했다.

그럼에도 문준경은 오물을 닦아 내며 계속 복음을 전했고, 아버지는 이런 그녀를 질질 끌어내서 발길질을 하며 내쫓았다.

오랜만에 친정에 왔다가 오물을 뒤집어쓴 채 발길질을 당하며 쫓겨났지만 서럽거나 화가 나지 않았다. 예수님께 받은 은혜에 비하면 이 정도 시련은 아무것도 아니라는 생각이 들었다. 오히려 새로운 각오와 힘이 불끈 솟았다.

하지만 그날은 거기서 물러나 돌아와야 했다. 저토록 완고한 아버지를 전도하기 위해서는 한두 번 가지고 어림도 없다는 생각을 했다.

이 일이 있고 난 후 그녀는 새벽부터 저녁까지 틈나는 대로 아버지와 가족들이 예수를 믿고 구원받게 해달라고 눈물을 흘리며 간절히 기도를 드렸다.

마을 언덕 위에서
울려 퍼진 찬송가

문준경 집사는 찬송을 아주 잘 불렀다. 지금으로 치자면 복음성가 가수 뺨칠 정도로 실력이 대단했던 것 같다. 텔레비전도 라디오도 없고, 신문이나 잡지도 보기 어렵던 시절, 별다른 시청각 교재도 없던 때에 고운 목소리로 불러 대는 노랫가락은 사람들의 시선을 끌기에 더없이 좋은 전도의 도구였다.

그녀는 특히 이명직 목사가 지은 '희망사'라는 찬송을 잘 불렀다.

"세상만사 살피니 참 헛되구나. 부귀공명장수는 바람잡이요. 고대광실 높은 집 문전옥답도 우리 한번 죽으면 일장의 춘몽./ 홍안소년미인들아 자랑치 말고 영웅호걸열사들아 뽐내지 마라. 유수 같은 세월은 널 재촉하고 저 적막한 음부는 널 기다린다."

이렇게 이어지는 찬송은 무려 16절까지 계속되는데, 문준경 집사는 이걸 다 외워서 즐겨 불렀다. 그녀가 마을 언덕 위에서 '희망사'를 불러 대면 마을 아이들이며 어른들, 아낙네들이 하나둘씩 모여들었다. 사람들이 둥그렇게 그녀를 감싸고 자리에 앉아 넋을 잃고 노래를 감상하고 있으면 그녀는 더욱 신이 나서 다양한 노래를 선보였다.

한창 분위기가 무르익으면 그녀는 복음을 전하며 전도를 하기 시작했다. 그때만 해도 사람들이 순박했기 때문에 노래 다 끝났다고 야박하게 자리를 털고 일어나지 않았다. 노래 잘 들었으니 무슨 말인지는 몰라도 이야기를 들어 줘야 노래 값을 치른 기분이었다. 이러다 보니 문준경 집사의 전도는 대단히 효과적이었고 많은 사람들이 예수를 믿게 되었다.

우전리교회 안승일 장로는 당시 모습을 이렇게 기억하고 있었다.

"그때는 그야말로 우리가 어렸을 때인디…… 뭐 초등학교 4학년 때쯤이니께 기억이 거의 없제. 문준경 전도사님이 노래를 징허게 잘하셨어라. '울어도 못하네. 눈물 많이 흘려도……' 이런 찬송도 잘하셨고 참말로 꾀꼬리 같은 목소리였제. 당시는 '문 선생님 오셨단다. 노래 들으러 가자' 그랬어라. 전도사님이라고도 안 했어. 그냥 선생님이라고 했제. 지금이니까 찬송이라 하지 그때는 그냥 노랫가락이었당께. 전깃불도 없고 초롱불 켜고 방 안 가득 모였었어라. 노래 듣느라고. 문준경 전도사님 오시기 전에 마을 사람들은 예수의 '예' 자도 들어본 적이 없었당께요."

문준경 집사는 압해도와 지도, 증도 등 신안 일대 섬들을 돌아다니며 이런 식으로 전도에 매달렸다. 친정과 시댁 친척들이 있는 곳마다 찾아다니며 그들에게 먼저 복음을 전하기 위해 애썼다.

"그분이 즐겨 부른 찬송은 '좋고 좋은 저 천당 바라다보니 무궁복락 한없이 가득하구나. 굉장하고 화려하다, 저기 저 천당. 들어갈 자 예수 믿는 성도뿐이라' 이런 거였당께. 생전에 이성봉 목사님과 함께

문준경은 노래를 참 잘 불렀다. 그녀가 마을 언덕 위에서 노래를 불러 대면
아이들이며 어른들, 아낙네들이 하나둘씩 모여들었다.
한창 분위기가 무르익으면 그녀는 복음을 전하며 전도를 하기 시작했다.
사진은 고목의 자태가 웅장한 우전리 풍경.

부르시던 희망사가 유명했지라. '세상만사 살피니 참 헛되구나. 부귀공명장수는 무엇하리요. 고대광실 높은 집 문전옥답도 우리 한번 죽으면 일장의 춘몽.' 아조 또렷또렷한 가사를 정확허니 리듬에 맞춰 부르셨제. 나가 차분히 앉아서 하믄 더 오래한당게. 또 하나 할까라? '먹보다도 더 검은 죄로 물든 이 마음. 눈보다도 더 희게 깨끗하게 씻었네. 주의 보혈 흐르는데 날래게 뛰어 나아가 믿음으로 나의 마음 지금 깨끗하였네.' 어때요? '울어도 못하네. 할 수 없는 죄인이 흉악 중에 빠져서 어찌 아니 죽을까 울어도 못하네.' 이런 찬송을 매일 부르시고 가르쳐 주셨당게."

문준경 전도사가 순교 당하실 때 현장에 있었던 유일한 생존자인 고 김두학 장로는 생전에 기회가 있을 때마다 여러 곳에서 간증을 하면서 문 전도사를 회상하며 그때 배웠던 찬송을 부르곤 했다.

문준경 전도사를 직접 만났던 분들, 그분들은 이미 세상을 떠났거나 거동이 쉽지 않을 정도로 연로한 어르신들이 되었지만 하나같이 문 전도사 하면 노래를 잘하는 분으로 기억하고 있었다.

증동리교회 김종원 장로도 문 전도사에 대한 남다른 추억이 있냐는 물음에 찬송가 이야기부터 먼저 했다. 그에게 문 전도사는 할머니뻘이었다.

"지가 아주 어렸을 적인디, 초등학교 들어갈 무렵 주일학교 댕길 때 할머니가 교회 나오면 꾀꼬리 같은 목소리로 찬양을 하시고 그랬지라. 그분이 할아부지 집 밑에 집에서 사셨다고 합니다. 지를 낳기 전에 우리 아부지를 보고 조카는 내 말 듣고 예수를 믿으라고 권했다고 하데요. 그래서 당시 유교 사상에 깊이 뿌리박혔던 아부지가 어려움을 이기고 믿게 되셨어라. 문 전도사님이 잘 부르시던 찬송, 지금도 기억나는 건…… 아, 그렇지. '참 기쁜 마음 가지고 예수 믿으면 날마다 즐거웁게 살겠네. 괴로우나 슬프나 하나님께 맡기고 길이길이 복되게 살아갑시다.' 이 찬송이 생각나네요."

이 무렵 문준경 집사의 전도를 받아 예수를 믿게 된 분 중 한 분이 서울 중앙성결교회 이만신 원로목사의 어머니 조동례 권사다. 조 권사는 문준경 집사의 조카딸로, 증동리에 살고 있었다.

하루는 조동례 씨가 부흥회에 참석했다가 밤늦게 집으로 돌아왔는데 아직 예수를 믿지 않던 남편이 여자가 어딜 쏘다니다가 이렇게 늦게 집구석으로 기어들어 오냐며 몽둥이로 마구 때려 정신을 잃고 쓰러지고 말았다. 그 일로 조동례 씨는 허리를 크게 다쳐 고생을 많이 했지만 이모인 문준경 집사의 간호와 위안 덕분에 독실한 신앙인으로 성장하였다.

1989년 하나님 품으로 떠난 조동례 권사의 자녀들은 모두 목사나 장로, 권사가 되어 한국 교회와 사회에 큰 공헌을 하였다. 이 모두가 어머니의 눈물 어린 기도가 남긴 귀한 열매들이다.

꿈에도 그리던 경성성서학원으로

신안의 여러 섬을 다니며 복음을 전하던 문준경 집사는 자신의 성경 지식이 너무 부족하다는 걸 깨달았다. 찬송 부르는 일이야 자신 있었지만 성경을 더 체계적으로 공부한다면 전도할 때 많은 도움이 되리라 생각했다.

게다가 어차피 남편은 없는 거나 마찬가지고 자식도 없으니 전도부인이 되어 예수 그리스도를 전하는 일에 일생을 바치고 싶었다. 집사 신분만으로는 보다 다양한 활동을 하며 복음 전하는 일에 몰두하기가 어려웠다.

그때부터 그녀는 경성성서학원에 입학하여 공부할 수 있게 해달라고 기도하기 시작했다. 하지만 태어나서 지금까지 줄곧 신안 섬마을과 목포에서만 살던 여자가 혼자 서울에 올라가 공부만 하며 산다는 건 결코 쉽지 않은 일이었다.

문준경 집사는 밤낮으로 이 일을 위해 기도하다 이성봉 전도사에게 의논을 하기에 이른다. 이성봉 전도사 역시 전도인이 되기 위해 신학교 입학을 준비하는 과정에서 많은 어려움을 겪어 봤기 때문에 남의 일 같지가 않았다. 문준경 집사의 열정적인 신앙생활과 전도활동을 지켜보며 그녀의 깊고 순수한 믿음을 잘 알고 있던 이성봉 전도사는 어떻게든 그녀를 경성성서학원에 입학시키고자 함께 기도하며 노력했다.

1931년 봄, 문준경 집사는 어렵사리 서류를 갖춰 경성성서학원에 입학하기 위해 상경했다. 그녀에게 믿을 만한 것은 이성봉 전도사의 추천서 한 장이 전부였다. 다른 건 입학에 도움이 될 만한 게 거의 없었다.

봄을 맞아 충정로 경성성서학원에는 꽃들이 만발해 있었고, 담쟁이 넝쿨이 멋들어지게 뒤덮인 붉은 벽돌 강의실에서는 남녀 학생들의 싱그러운 웃음소리가 들려왔다. 직접 와서 보니 공부에 대한 열망이 더욱 강렬하게 타올랐다.

하지만 그녀는 면접 과정에서 입학을 허락할 수 없다는 날벼락 같은 통보를 받게 된다.

"우리 학교 규칙상 남편이 있는 부인은 입학을 허락할 수가 없습니다. 중간에 남편의 반대로 학업을 계속할 수 없는 경우도 있고, 또 무사히 졸업한다 해도 전도부인으로서 활동하려면 육아나 가사 문제를 해결해야 하는데, 이를 남편이 흔쾌히 허락한다는 게 어려운 일이기 때문입니다. 미혼이거나 남편과 사별한 부인의 경우가 아니면 어렵습니다."

사실이 그랬다. 1930년대면 아직 여성의 지위라는 게 극히 보잘것없던 시절이라 여자가 마음 놓고 공부를 하고 사회 활동을 한다는 건 아주 이례적인 일이었다. 따라서 목회와 전도 활동에 있어 여성 목회자의 필요성이 날로 커지고는 있었지만 현실적으로 육아와 가사의 모든 것을 여성이 책임지고 있던 시대니 만큼 남편이 있는 부인들의 경우 어렵게 공부를 마치더라도 전도부인으로서 왕성한 활동을 기대하기가 어려웠다. 그래서 아예 남편이 있는 부인들은 입학 자체를 허락하지 않았던 것이다. 다른 교단의 성서학원들도 사정은 마찬가지였다. 성서학원 입장에서는 과부들을 선호할 수밖에 없었다.

그녀는 꿈에도 그리던 경성성서학원 입학을 바로 눈앞에 두고 이대로 포기할 수는 없었다. 원장을 붙들고 매달리며 통사정을 했다.

"원장님! 지가 남편이 있기는 허지만 없는 거나 마찬가지랑께요. 결혼하고 나서 시방까지 그 사람은 밖으로만 돌며 첩을 얻어 살고 있응께 저는 생과부란 말이어라. 공부하고 전도부인으로 활동하는 데 하등 문제가 없응께 지발 입학할 수 있게 허락해 주시오. 지 평생 소원이 이거여라. 지는 주님을 위해 이 한 몸 바치기로 한 사람이랑께요."

워낙 끈질기고 간절하게 애원하는 바람에 원장은 조건부로 그녀의 입학을 허락했다. 정식 원입생 신분이 아닌 청강생 신분으로 수업에 참여하도록 한 것이다.

그러나 그것만으로도 문준경은 날아갈 듯이 기뻤다. 어쨌든 공부를 할 수 있게 되었기 때문이다. 1931년 5월 1일, 이때 그녀의 나이 만 40세였다. 청강생으로 강의실 맨 뒷자리에 앉아 공부하게 된 문준경은 기쁜 마음에 열심히 강의를 들으며 단 한마디도 놓치지 않으려고 애를 썼다.

하지만 그녀에게 또 다른 걱정거리가 생겼다. 청강생은 기숙사에 들

충정로 아현교회 안에 남아 있는 옛날 경성성서학원 교수 숙소.
경성성서학원 맞은편에 있으며 지금은 아현교회에서 사용하고 있다.
오래된 붉은 벽돌 2층 건물로, 담쟁이넝쿨과 낡은 유리창이
어우러져 신비로운 분위기를 자아낸다.

어갈 수가 없어 학비 외에도 비싼 하숙비와 생활비가 따로 들어갔기 때문이다. 올라올 때 가져온 돈이 다 떨어져 갈 무렵 그녀는 남편과 이혼을 하기로 결심한다. 이혼을 하고 정식으로 원입생이 되어야 기숙사에 들어가 무사히 학업을 마칠 수 있겠다고 생각했다.

그 시절 여자가 먼저 남자에게 이혼을 요구한다는 건 상상할 수도 없는 일이었다. 남자는 첩을 여럿 두고 살아도 능력 있는 사람으로 인정받았지만 여자는 남편이 죽더라도 평생 수절하며 사는 게 당연한 의무처럼 여겨지던 세상이었다.

당연히 남편은 그녀의 요구를 들어주지 않았다. 아예 피하면서 만나 주지도 않았다. 정씨 문중에서도 난리가 났다. 절대 호적을 더럽힐 수 없다며 이혼은 불가하다는 것이었다. 20년이 넘도록 단 한 번도 정을 주고 살아 본 적이 없는, 남보다도 못한 남편이 이토록 이혼을 못해 준다며 반대하니 참으로 기가 막힐 노릇이었다.

문준경은 이혼을 포기하고 올라와 다시 청강생 생활을 시작했다. 하루하루 공부하며 살기가 너무 힘들었다. 쌀을 아끼기 위해 하루 한 끼만 먹는 날이 부지기수였고, 종일 아무것도 먹지 못하는 날도 많았다. 이러니 공부가 제대로 될 리 없었다.

굶주림에 지쳐 방구석에 그대로 쓰러져 있는 날도 있었다. 겨우 정신을 차려 강의실로 들어가도 칠판 글씨가 잘 보이지 않았다. 창자가 뒤틀리는 것 같은 고통이 밀려왔다. 기숙사 식당을 찾아가 학생들이 먹다 남긴 누룽지와 숭늉을 얻어먹고서야 겨우 정신을 차렸다.

그녀는 예배당으로 뛰어 들어가 강단 앞에 엎드려 흐느껴 울었다.

"주여, 너무 힘이 드네요. 지가 호의호식할라고 공부하는 게 아니랑께요. 공부해서 전도부인이 되어 시방까지도 예수를 알지 못하고 죄를 지음시러 살아가는 저 섬마을 사람들에게 하나님 말씀을 전해 구원받게 하려는 거랑께요. 돈도 떨어지고 배는 고파 더 이상 견디기가 어려워라. 주여, 힘을 주시오. 길을 보여 주시오. 주여! 주여!"

이때 예배당 밖에서 어떤 남학생의 찬송가 소리가 들려왔다.

"울어도 못하네. 눈물 많이 흘려도 겁을 없게 못하고 죄를 씻지 못하니 울어도 못하네. 십자가에 달려서 예수 고난 보셨네. 나를 구원하실 이 예수밖에 없네."

가사를 생각하며 찬송을 따라 부르는데 갑자기 환상이 나타났다. 십자가에 못 박혀 피를 흘리며 고통 당하시는 예수님의 모습이 선명하게 나타난 것이다. 예수님은 십자가 위에서 자신을 똑바로 쳐다보고 계셨다.

문준경은 깜짝 놀랐다. 너무나 또렷하고 생생한 환상을 본 것이다. 그녀는 다시 무릎을 꿇고 회개기도를 드렸다.

"주여, 이 죄인을 용서해 주시오. 주님은 지를 위해 십자가에서 모진 고통을 다 당해뿌셨는디 지는 겨우 배 좀 고픈 걸 가꼬 불평과 한숨으로 주님을 실망시켰어라. 이 죄인을 용서해 주시오. 나약한 지에게 힘과 용기를 내려 주시오!"

정신없이 기도를 하고 났더니 온몸이 땀으로 흥건히 젖어 있었다. 그런데 이상하게 배가 고프지 않았다. 몸과 마음이 날아갈 듯 개운했다.

경성성서학원 재학 시절 문준경은 실습 기간이 되면
고향에 내려가 복음을 전하며 교회를 개척했다.
섬 지역을 다니며 전도하는 일은
육지에서 전도하는 것보다 훨씬 힘들었다.
홀몸으로 위험천만한 개펄과 노두를 수도 없이
건너다녀야 했기 때문이다.

어린 여학생들의 큰언니가 되어

예배당에서 환상을 보고 나온 문준경은 감격에 겨워 교정을 거닐다가 뜻밖에 이성봉 전도사를 만나게 되었다. 참으로 반갑고 기쁜 마음에 한걸음에 달려가 인사를 했다.

"오매, 전도사님 안녕하셨어라? 여긴 우쩐 일이시당가요?"

"야, 문 집사님! 이거 오랜만입니다. 그래, 공부는 할 만합니까?"

밝은 햇살 아래 교정 벤치에 앉아 두 사람은 그동안 있었던 여러 가지 안부와 소식을 나누었다. 이런저런 이야기를 하던 중에 문준경은 경성에 올라와 공부하면서 자신이 겪게 된 어려움에 관해서도 털어놓게 되었다. 원입생이 아닌 청강생 신분으로서는 얼마나 더 버텨 낼 수 있을지 막막한 심정을 고스란히 드러냈고, 이를 알게 된 이성봉 전도사는 묵묵히 듣고만 있다가 자리에서 벌떡 일어났다.

"문 집사님, 잠깐만 기다리세요. 제가 원장님 좀 만나 뵙고 오겠습니다."

이성봉 전도사는 곧장 원장실로 들어갔다. 그리고 원장을 만나 이렇게 사정했다.

"원장님, 문준경 학생은 목포교회 집사로 계시던 분이라 제가 누구보다 잘 아는 분입니다. 추천서도 제가 써 줬고요. 저분 남편은 자기 아내를 절대 다시 찾지 않을 사람입니다. 이건 제가 보증합니다. 규칙을 지키는 건 중요한 일이지만 거기에도 예외라는 게 있지 않습니까? 저분은 하나님께서 크게 쓰기 위해 준비하신 일꾼입니다. 청강생으로 공부하기가 너무 어려우니 이제 그만 정식 원입생으로 받아 주시지요. 제가 이렇게 간곡히 부탁드립니다."

성결교회가 배출한 탁월한 목회자이자 경성성서학원 졸업생이기도 한 이성봉 전도사의 애절한 간청에 원장의 마음도 녹아내릴 수밖에 없었다.

"다른 분도 아니고 전도사님께서 그토록 부탁을 하시니 어쩔 수가 없군요. 그럼 그렇게 하도록 하겠습니다. 제가 졌습니다. 하하하!"

원장실을 나온 이성봉 전도사는 됐다는 신호를 보냈다. 이게 꿈인지 생시인지 문준경은 너무 기쁘고 감사해서 날아갈 것만 같았다. 눈에서는 주르륵 눈물이 흘러내렸다.

문준경 전도사가 기숙사에 들어오면서 기숙사 분위기가 달라지기 시작했다. 20대가 대부분인 젊은 여학생들 숙소에 어머니 또래의 40대 여학생이 들어왔으니 긴장도 되고 호기심도 생기는 게 당연했다. 그녀는 나이 어린 여학생들에게 자신에 대해 신경 쓰지 말고 편하고 자유롭게 대해 달라는 부탁을 했다.

하지만 나이 어린 여학생들로서는 매일 또래들하고만 지내다가 어머니나 이모 혹은 큰언니 같은 어른이 곁에 있게 되니 의지도 되고 위안도 되었던 것 같다. 모두들 문 전도사를 잘 따랐고, 고민이 있거나 속내를 털어놓고 싶은 학생들이 하나둘 찾아오기 시작했다. 그래서 그녀의 방은 늘 학생들로 북적거렸다.

원입생이 되어 기숙사에 들어가게 되면서 형편이 많이 좋아지기는 했지만 그래도 워낙 수입이 없던 처지라 뭐라도 돈벌이를 하지 않으면 안 되었다. 시부모님이 다 돌아가시자 남편 정근택은 남겨 주신 재산을 자신이 몽땅 가로채고 그녀에게는 밭 몇 마지기를 떼준 게 고작이어서 늘 돈에 쪼들려야 했다.

그나마 목포에 살 때는 삯바느질이라도 했는데 공부를 하면서 삯바느질을 할 수는 없었다. 이때 시작한 게 바늘장수였다. 성서학원 근처에 있는 집집마다 바늘을 다 팔고 나면 그다음에는 물감장수를 했다.

그러던 어느 날, 한 여학생이 울면서 찾아왔다. 고향에 계신 홀어머니가 위독하셔서 내려가 봐야 하는데 돈이 없다는 하소연이었다. 남의 어려움을 눈 뜨고 보지 못하는 성품인 그녀는 생각 끝에 자신의 재산 목록 1호인 손재봉틀을 전당포에 맡기고 돈을 마련해 왔다.

"자, 이거 100원이니까 싸게 가지고 내려가서 병원비까지 해결하랑께요. 걱정 말고……."

이렇게 학생들의 어려운 사정을 자기 일처럼 돌봐 주며 자기가 가진 것을 다 내주고 살았으니 아무리 열심히 허드렛일을 하고 장사를 해도 생활에 쪼들리기는 매한가지였다.

주위에서 보다 못한 학생들이 걱정해 주곤 했다.

"전도사님, 그렇게 다른 사람 도와주기만 하다가 앞으로 어떻게 살려고 그러세요?"

그럴 때마다 문준경 전도사의 대답은 한결같았다.

"지는 아직 굶어 죽을 지경이 아니지라. 성경에도 '네 손이 베풀 힘이 있거든 마땅히 받을 자에게 베풀기를 아끼지 말라'고 하셨당께라. 참말로 하는 구제는 동전 두 닢을 가진 가난한 과부가 그걸 몽땅 주님께 바친 것 맹키로 자신이 가진 모든 것을 내줄 수 있는 것이지라. 그랑께 너무 염려하지 마시오. 하나님이 지 아버지신디 설마 친딸인 지를 굶어 죽게 거냥 놔두시겠어라?"

경성성서학원은 6년제 학교였다. 무려 6년 동안이나 학교를 다녀야 했는데 1년 내내 공부만 한 게 아니라 3개월은 공부를 하고, 나머지 9개월은 단독으로 교회를 개척하도록 했다. 복음을 전할 곳은 많고 지도자들은 부족한 시절이었기 때문에 신학 공부와 목회 실습을 병행하도록 한 것이다. 그러니 6년이라고 해도 사실상 공부하는 기간은 1년 6개월 정도에 불과했다.

문준경 전도사는 실습 기간이 되면 고향에 내려와 섬 지역을 다니며 전도하고 교회를 개척했다. 경성에서 신안 바닷가까지 내려가려면 길도 멀거니와 교통비 또한 만만치 않았다. 돈이 넉넉지 않았으니 그녀는 내려가는 차비만 달랑 가지고 갈 수밖에 없었다.

그래서 늘 올라올 때가 문제였다. 차비 한 푼 없이 어떻게 경성까지 올라올 수 있겠는가. 돈이 없어 보태 주지 못하는 사람들은 걱정이 태산이었지만 문준경 전도사는 태평하기만 했다. 찬송을 부르며 기약 없이 걷다 보면 반드시 누군가가 나타났다.

"어딜 그리 싸게 가시오?"

"아따, 집사님. 경성 가지라. 인자 올라가 봐야제."

"경성까지 걸어서 갈라고 하시오? 차비가 없어서 그러제라?"

"오매, 그걸 어찌 아셨소?"

"왐마 어찌아스까나. 이거라도 가지고 가시오. 경성까지 갈 여비는 될 것이오."

'여호와 이레'(하나님이 예비하시다)란 바로 이런 것을 두고 하는 말이 아닐까. 아무 대책도 없이 맨손으로 길을 나서도 꼭 어디선가 사람이 나타나 도움의 손길을 주곤 했다.

과부와 전도부인들

　남녀가 유별한 전통 사회 관습이 그대로 남아 있던 시절 서양 선교사들이 조선 여인들에게 복음을 전하는 일은 하늘의 별 따기 만큼 힘들고 어려운 일이었다. 일단 여성들을 만나는 일 자체가 불가능했다. 조선의 규방은 서양인들의 접근이 철저히 금지된 성역이었다.

　서양 선교사들을 대신해서 조선 여인들을 비교적 자유롭게 만나 복음을 전할 수 있었던 것은 전도부인들이었다. 조선 여인을 조선 여인이 만나는 것은 이상할 것도 어려울 것도 없었기 때문이다. 한국 교회의 실질적인 첫 여성 지도자들은 이 전도부인들이었다.

　전도부인들만큼 누구에게나 쉽게 다가갈 수 있는 사람들은 없었다. 이들은 별 어려움 없이 다른 집 안으로 들어갈 수 있었고, 특히 여성이나 아이들에게 거리낌 없이 접근할 수 있었으며, 때로는 그들의 아버지나 남편까지 만날 수 있었다.

　구한말과 일제강점기에 두드러진 활동을 했던 전도부인들은 대체로 집 안에 얽매이지 않아도 되는 과부나 남편에게 소박맞은 여인이 많았다. 남편이 첩을 얻어 사니까 외롭고 쓸쓸해서 일종의 돌파구로 생각하고 예수를 믿어 전도부인이 된 여인들도 있었다.

부모님을 모시고 살면서 아이를 대여섯 이상 낳아 기르며 낮에는 논밭에 나가 일하고 밤에는 길쌈과 가사에 매달려야 했던 대부분의 여성이 체계적으로 성경을 배워 전도부인으로 나선다는 것은 있을 수 없는 일이었다.

시부모 봉양과 임신 출산 육아 그리고 가사 노동으로부터 어느 정도 자유로울 수 있었던 과부들이나 소박맞은 여인들이 대거 전도부인으로 나서게 된 것은 사회 여건상 당연한 일일 수밖에 없었다.

여성에게는 엄격한 정절이 강조되었지만 남성들은 공공연하게 축첩을 일삼던 시대였기 때문에 여성의 이혼이나 재혼은 사회적으로 허락되지 않는 일이었다. 이런 상황 속에서 여성들에게 기독교의 복음은 한 줄기 빛처럼 새로운 돌파구를 마련해 준 것이다.

전도부인들은 전도를 하러 다니면서 성경책과 찬송가 또는 복음에 관한 소책자 파는 일을 병행했다. 지게나 가방에 책을 넣어 가지고 다니면서 이를 팔던 사람을 남자는 매서인, 여자는 매서부인이라고 불렀다. 초창기 복음 전도에 있어 이들의 활약은 대단했다.

성경책과 찬송가 또는 복음서를 팔기 위해서는 글을 읽지 못하는 여성들에게 글을 가르쳐야 했다. 자연스럽게 여성들에게 글을 가르쳐 주면서 복음을 전파하고 예수를 믿게 했다. 이런 기회를 통해 여성들은 새로운 사상과 교양을 접하게 되었다.

그러나 점차 전도부인들이 많아지고 활동 영역이 넓어지면서 과연 이들이 기독교의 진리를 정확히 이해하고 전달했을까 하는 우려가 나

구한말과 일제강점기에 두드러진 활동을 했던 전도부인들은
대체로 집 안에 얽매이지 않아도 되는 과부나 남편에게 소박맞은 여인들이 많았다.
남편이 첩을 얻어 사니까 외롭고 쓸쓸해서 일종의 돌파구로 생각하고
예수를 믿어 전도부인이 된 여인들도 있었다.

타났다. 우리말과 글을 잘 모르는 서양 선교사들이 전도부인들을 얼마나 제대로 훈련시킬 수 있었을지 의문이 들기 시작한 것이다. 따라서 전도부인과 교회 지도자를 체계적으로 교육시킬 필요가 있었다. 그래서 설립된 것이 성서학원이다.

장로교의 경우 1897년 처음으로 단기성경학원을 시작했는데, 훈련 기간은 6개월이었다고 한다. 1907년 처음으로 여교역자 훈련원을 개원해서 106명이 교육을 받았으며, 1910년에는 정식으로 여자성경학원이 만들어져 보다 계획적인 교육을 하게 되었다.

1908년 가을 평양에서는 남북 감리교 선교부가 합동으로 여교역자 양성을 위한 단기 강습회를 개최하여 10월부터 이듬해 6월까지 8개월 동안 훈련을 실시하였다. 1주일에 4일 동안만 공부를 하고 나머지 3일은 각 교회로 나가 성경반을 인도하며 전도 실습을 하도록 했다. 이때 참여한 인원이 82명이었고 이들을 위한 기숙사까지 마련했다고 한다.

1907년 5월 30일 문을 연 복음전도관은 처음부터 여성 교역자를 필요로 했다. 다른 교단보다 늦게 시작된 교단이었지만 남자들보다 여자 신도들이 훨씬 많았기 때문이다. 따라서 1911년부터 경성성서학원을 통해 많은 전도부인들이 배출되기 시작했는데, 이들이 선교사나 목사를 돕거나 단독 개척을 통해 이룬 성과는 실로 대단한 것이었다. 특히 이들은 의료사업, 교육사업, 사회봉사 및 전도활동 등에서 탁월한 활약을 펼쳤다.

문준경 전도사는 남편이 있는 부인이었다. 하지만 그녀는 다른 전도부인들과 마찬가지로 과부나 다름없는 처지였다. 만약 문준경 전도사가 좋은 남편을 만나 사랑을 듬뿍 받으며 아이를 낳고 단란한 가정을 이루어 잘살았다면 어떻게 되었을까. 아마도 그녀는 예수를 믿지 않았거나 예수를 믿었더라도 전도부인이 되어 하나님의 일꾼으로 살아가는 일은 없었을 것이다. 남편과 자식만 바라보면서 그 사랑에 푹 빠져 만족하며 살았을 게 틀림없다.

이렇게 봤을 때 그녀가 결혼해서 바람피우는 남편을 만나 생과부로 살다시피 한 것이나 그로 인해 자식이 없었던 것은 모두 하나님의 놀라운 계획과 섭리 때문이었다고 할 수 있다. 개인적으로 생각하면 그 고통스럽고 답답하며 억울했던 한 많은 인생의 무게를 감히 짐작할 수도 없는 일이지만 그런 연단과 훈련을 통해 그녀는 남편이나 자식에게서 받을 수 있는 사랑을 훨씬 뛰어넘는 예수 그리스도의 크신 사랑을 체험할 수 있었던 것이다.

모세가 미디안 광야에서 40년 동안 자신과의 싸움을 통해 고난 받은 후 위대한 민족의 지도자가 된 것처럼 문준경은 친정과 시댁에서 40년 동안 고독과의 싸움을 통해 시련을 겪음으로써 온전한 하나님의 일꾼으로 거듭날 수 있었다.

그녀에게 고독은, 예수를 믿지 않았을 때 꺼져 가는 촛불처럼 죽음에 이르는 병이었지만, 예수를 믿고 주님께 일생을 맡겼을 때 죽음조차 초월하는 영원히 꺼지지 않는 심지가 되었다. 인간의 방법과 하나님의 방법은 다른 것이다.

* 문준경 전도사가
 복음을 전하며 들고 다니던 성경책

제 4 장

섬마을의
여자 사도 바울
문준경

임자도에 처음 개척한
진리교회

문준경 전도사가 경성성서학원을 다니면서 실습 기간 중 고향에 내려와 처음으로 개척을 시작한 곳은 임자도였다. 임자도는 증도 위에 있는, 신안에서 제일 북쪽에 위치한 섬으로 문 전도사 남편인 정근택 씨가 첩을 얻어 살고 있던 섬이다.

보통 여자들 같으면 임자도는 쳐다보기도 싫은 섬이었을 것이다. 남편과 소실이 미워서라도 일부러 복음을 전하지 않고 '그래, 이 세상에서 그렇게 멋대로 살다가 죽어서 영원히 지옥으로 떨어져 피눈물 나게 고통 당하며 한번 살아 봐라' 하는 마음을 먹었을 수도 있다.

하지만 문 전도사는 그렇게 하지 않았다. 호랑이를 잡으려면 호랑이굴로 들어가야 하듯 자기 마음속에 가장 큰 상처로 남아 있던 것부터 먼저 치료하려 한 것이다. 남편과 소실을 예수 믿게 해서 변화시켜야만 죄인을 구원하러 오신 예수님, 원수를 사랑하라고 하신 예수님의 마음을 진정으로 이해할 수 있게 되리라 믿었다. 그리고 앞으로 고향 마을 이곳저곳을 돌아다니며 복음을 전할 때 있을 수 있는 여러 가지 걸림돌을 미리 제거하려면 이들이 가장 먼저 예수를 믿어야 한다고 판단했다.

그러나 1932년 봄, 문준경 전도사가 임자도 진리에 들어가 친척에게 작은 초가를 하나 얻어 어렵사리 교회 개척을 시작하자 남편 정근택 씨와 그의 소실은 그녀가 자신들에게 앙심을 품고 훼방을 놓기 위해 일부러 임자도에 들어와 이런 일을 벌인다고 생각하고 극렬하게 교회 개척을 방해하며 온갖 나쁜 소문을 만들어 퍼뜨렸다. 남편은 매일같이 교회 앞에서 큰 소리로 떠들며 욕설을 퍼부었다.

이들과 더불어 마을에 교회가 들어서는 것을 원치 않던 사람들의 핍박도 심했다. 아내와 아이들을 교회에 나가지 못하게 하는 한편 조직적으로 예배 진행을 어렵게 만들었다. 그들은 문 전도사를 향해 '서양 귀신을 몰고 들어와 굿판을 벌이는 여자'라고 손가락질하며 당장 때려치우고 섬을 떠나라는 협박도 서슴지 않았다.

문 전도사는 이들을 맞상대하지 않고 기도하면서 그저 묵묵히 자기 할 일만 했다. 부지런히 마을 이 집 저 집을 다니며 전도를 하고 자신의 장기인 찬송으로 사람들을 불러 모아 열심히 복음을 전했다. 그러는 사이 남편과 소실의 방해가 점점 수그러들었다. 같이 맞붙어야 신이 나서 더하는 법인데 상대를 안 하니까 제풀에 지친 것이다.

어디서나 복음을 전하면 제일 먼저 반응을 보이는 건 아이들과 아낙네들이었다. 완고하고 체면을 중시하는 남자들은 쉽사리 마음을 열지 않았기 때문이다. 문 전도사도 처음에는 자기 말에 귀를 기울여 주는 몇몇 부인과 아이들을 데리고 성경을 가르치고 기도하면서 모임을 이끌어 나갔다. 숫자는 적었지만 순수하고 열정적이었다.

부녀자들과 아이들은 대개 글을 몰랐다. 그러니 성경책과 찬송가가 있어도 소용이 없었다. 문 전도사는 가사와 곡조가 쉬운 찬송가를 여러 번 불러 외우도록 했으며, 성경 말씀도 암송하기 좋은 구절들을 골라 반복해서 따라 읽도록 했다.

마을에 믿는 사람들이 하나둘 늘어 가는 것은 기쁘고 감사한 일이었지만 하루도 쉬지 않고 무리하게 전도활동에 나선 탓에 문 전도사의 건강은 급격히 나빠졌다. 목은 늘 쉬어 있다시피 했으며, 식사도 제대로 못해 탈진하기 일쑤였다. 어떤 날은 밤늦게 겨우 찐쌀을 입에 한 움큼 넣고 씹어 먹다가 지쳐 잠이 들었는데 새벽기도회를 인도하기 위해 일어났을 때 말을 할 수 없을 정도로 입안이 퉁퉁 부어오르기도 했다.

남도의 작은 섬에 외로이 세워진 낡은 초가지붕의 진리교회. 하지만 이 교회는 고통 받는 사람들, 소외당한 사람들, 병들고 지친 사람들, 귀신 들린 사람들, 가난하고 굶주린 사람들의 천국이었다. 문준경 전도사는 낮은 자들의 어머니가 되어 헌신적으로 이들을 보살폈다.

믿는 사람 한 사람 한 사람을 일일이 심방해서 신앙 성장을 도왔고, 각자의 기도제목을 놓고 밤낮으로 기도에 힘썼다. 신자들은 이런 문 전도사의 사랑과 헌신에 감동해서 아이가 어미 품을 찾듯 교회를 찾았으며, 모든 가르침에 순종하여 실천하려고 애썼다. 진리교회는 많은 어려움 속에서도 날마다 성장을 거듭했다.

문 전도사가 처음 개척한 진리교회는 그 뒤 80여 년이 지난 요즘도 선착장 지나 면사무소 앞 야트막한 언덕 위에서 섬 전체를 바라다보

문준경 전도사가 처음으로 개척을 시작한 곳은 임자도였다.
임자도는 문 전도사 남편이 첩을 얻어 살던 섬이다.
그녀가 임자도에 진리교회를 세우고 복음을 전하기 시작하자
남편과 첩의 모진 박해가 시작되었다.

며 임자도의 굳건한 영적 터전으로 자리하고 있다. 그 넉넉한 품새가 문 전도사의 인자한 모습을 빼닮은 듯하다.

현재 진리교회 주일 예배에는 200여 명이 넘는 성도들이 참석한다. 특이한 점은 어느 섬이나 그렇듯 임자도에도 점점 아이들이 줄어드는데, 진리교회는 날로 늘어나 교회학교 어린이가 100여 명에 이른다는 것이다. 목포나 광주에 나가 있던 학생들도 토요일이면 섬으로 들어와 주일 예배를 드리고 다시 뭍으로 나간다고 하니 대단한 일이 아닐 수 없다.

흔히 임자도 하면 태안 신두리와 함께 모래 언덕으로 이루어진 오아시스가 있는 유일한 섬, 우리나라에서 제일 큰 대광해수욕장이 있는 섬 정도로만 알려져 있는데, 실제로 가 보면 임자도 전체를 통틀어 가장 놀라운 것은 바로 진리교회가 있다는 사실이다.

진리교회는 1950년 문 전도사와 함께 이판일 장로 등 48명이 예수를 믿는다는 이유만으로 집단 순교를 당한 거룩한 성지이며, 이를 기리기 위해 대한민국 현대 건축의 전설적 존재였던 고 김수근 선생이 설립한 공간건축에서 설계비를 받지 않고 혼신의 힘을 쏟아 지은, 우리나라 섬 가운데 최고로 아름다운 예배당을 갖춘 교회다.

개척할 때 초가였던 진리교회는 나중에 건축을 거쳐 아담한 예배당으로 바뀌었고, 1963년에는 다시 돌로 예쁘게 지었으나 1993년 화재로 몽땅 불타고 말았다. 그래서 새로 예배당을 지을 무렵 섬사람들이 어디서 그런 용기가 났는지 박성균 목사 일행이 돈 한 푼 없이 당대 가장 유명한 건축사무소였던 공간건축을 찾아가 설계를 의뢰했던 것이다.

　설계를 맡은 정종영 선생은 임자도가 어디 붙어 있는 섬인지도 몰랐고 크리스천도 아니었지만 48명의 순교자가 나온 교회라는 말만 듣고 흔쾌히 설계와 건축을 맡았다. 그러면서 내건 조건은 세 가지였다. 교회 부지가 최소한 1,000평 이상일 것, 우리가 설계한 것을 절대 바꾸지 말 것, 감리까지 우리가 하도록 해줄 것. 게다가 설계는 무료니까 건축 실비만 준비하라는 단서까지. 순교자가 48명이나 배출된 교회를 돈 다 받고 지어 줄 수는 없다는 것이 대답이었다고 하니, 고난을 통해 축복을 예비하시는 하나님의 역사가 아닐 수 없었다.

　남도의 작은 섬에 외로이 세워졌던 진리교회는 지금 남도의 수많은 섬과 바다를 환히 비추며 우뚝 선 환상적인 빛의 교회가 되었다. "건축은 빛과 벽돌이 짓는 시"라고 했던 고 김수근 선생의 유지를 받들어 공간건축에서는 임자도의 자연 풍광과 가장 잘 어울리는 단층 예배당을 유럽에 있는 성을 짓듯 정성껏 빚어냈다. 아침 해가 서서히 떠오를 때, 저녁놀이 바삐 바다로 달려 나갈 때, 진리교회 예배당의 수많은 붉은 벽돌은 태양과 만나 공작처럼 날개를 펼치며 한바탕 요란한 빛의 축제를 벌인다.

이판일 장로와 정영범 집사

문준경 전도사가 실습 기간이 되어 진리교회에 내려와 있을 때는 상관이 없었지만 개강을 앞두고 다시 경성으로 올라갈 때가 되니 문 전도사를 대신할 사람이 없어 걱정이었다. 그렇다고 9개월 동안만 예배를 드리고 3개월 동안은 교회 문을 닫아 둘 수도 없는 노릇이었다.

이때를 대비해서 하나님이 예비해 놓으신 숨은 일꾼이 있었으니 그가 바로 이판일 씨였다. 이판일 씨는 동생 이판성 씨와 함께 문 전도사를 도와 밤낮을 가리지 않고 헌신적으로 교회 개척에 앞장섰다. 이 형제는 진리교회에서 없어서는 안 될 든든한 두 기둥이었다. 이판일 씨와 이판성 씨의 가족만 해도 무려 열세 명이나 됐다. 이들이 교회를 굳건히 지키고 있었기에 문 전도사는 안심하고 경성으로 떠날 수 있었다.

다시 학교로 돌아와 공부하면서도 문 전도사는 항상 진리교회만을 생각했다. 예배를 잘 드리고 있는지, 혹시 모임을 게을리하는 건 아닌지, 예수 믿는 사람들이 더 늘어났는지, 중간에 예수 믿는 걸 포기한 사람은 없는지 모든 게 궁금했다. 하지만 전화도 흔치 않던 시절에 자

진리교회 뜰에 핀 동백꽃. 붉은 벽돌 예배당과 빨간 동백꽃이 진리교회 순교의 역사와 신앙의 순결을 상징하는 듯하다. 첫 번째 개척지였던 진리교회에서 문준경 전도사는 예상하지 못했던 소중한 동역자들을 만나 행복한 목회를 할 수 있었다.

주 연락할 길도 없었다. 오로지 기도하는 일이 전부였다.

이판일 씨는 자기 집보다 교회를 더 사랑한 사람이었다. 비가 오면 자기 집 지붕이 새더라도 교회로 먼저 달려가서 혹시 비가 새는 곳은 없는지 살펴보고 올 정도였다. 초가지붕을 수선하고 헌 벽을 땜질하는 것도 그의 몫이었다. 주일이면 예배당에 모여 이판일 씨의 인도로 찬송을 부르고 성경을 읽고 기도를 했다.

그러나 교회에 나와도 설교할 사람이 없으니 분위기가 전 같지 않았다. 문 전도사처럼 강하게 이끌어 주는 사람이 없었기 때문에 한두 번 빠지기 시작하고, 농사일에 바쁘다는 핑계로 게으름을 피우다가 아예 교회를 등지는 사람들도 생겨났다. 이럴 때마다 이판일 씨는 빨리 문 전도사가 돌아와 다시 교회가 가득 차게 해달라고 기도를 드렸다.

이판일 장로의 아들로 진리교회에서 목회하던 고 이인재 원로목사는 생전에 막 예수를 믿기 시작했을 때의 아버지 모습을 이렇게 증언한 바 있다.

"아버님이 서른세 살 되시던 해에 온 가족이 다 예수를 믿었어요. 어느 날 문 전도사님이 아버님을 찾아와 교회에 나오라고 하니까 가만히 앉아 계시다가 갑자기 일어나 쌈지 담배 봉지와 담뱃대를 분질러서 아궁이에 집어넣으셨어요. 그리고 집에 있던 우상과 신주단지들을 다 갖다 버리신 겁니다. 바로 즉석에서 예수를 믿기로 결단을 하신 거죠.

옛날 농촌에서는 저녁이나 새벽이면 보리방아를 찧거나 물도 긷고 그랬는데, 아버님은 주일에는 절대로 방아도 못 찧고 물도 못 긷게 하셨어요. 그 바람에 어머니가 고생 참 많이 하셨지요. 주일에는 밥만 해서 먹고 다른 일은 일체 하지를 않았어요. 그러니 농사를 지으려면 일꾼들이 있어야 하는데, 저 집에 일하러 가면 술도 안 주고 담배도 안 준다고 소문이 나니까 일하러 오는 사람이 없었어요. 그렇지만 우리 식구들끼리 똘똘 뭉쳐서 워낙 열심히 일한 덕에 농번기 때도 남들보다 일을 더 빨리 끝내곤 했죠.

참 효성도 지극하셔서 할머니 돌아가신 뒤 진수성찬 차려 봐야 아무 소용없다고 하시며 할머니 생신 때 잡는다고 돼지 한 마리를 따로 키우셨어요. 할머니 생신 때면 떡을 하고 고기를 잡아 온 동네 사람들 다 불러다가 잔치를 했죠. 산제사를 드린 거예요. 물고기도 바다에 나가서 싱싱한 것만 잡아다 드리고 그러셨어요.

문 전도사님이 안 계실 때는 아버님이 교회를 지키셨어요. 언젠가는 비 오는 날 저 혼자 있었는데 덜렁 저 하나 앉혀 놓고 교회에서 예배를 드리시더라고요. 저는 어렸을 때 명절이 되도 동네 아이들하고 놀지를 못했어요. 같이 놀면 노름 배운다고 놀지 말라고 하셔서…… 허허 참, 아무튼 대단한 분이셨죠."

손꼽아 기다리던 실습 기간이 되면 문 전도사는 부랴부랴 임자도로 내려왔다. 그리고 분위기를 새롭게 다잡았다. 교회를 등졌던 사람들을 찾아가 다시 교회로 데리고 나왔다. 한 학기 동안 열심히 공부한 내용을 바탕으로 귀한 말씀을 하나라도 더 들려주기 위해 애썼다. 그러면 교회는 언제 그랬냐는 듯 활기가 가득 넘쳐 났다.

임자도에 개척한 진리교회가 어느 정도 안정되자 문준경 전도사는 자기가 시집와서 20여 년을 살았던 증도로 들어가 교회를 개척하기로 마음먹었다. 증도 역시 임자도와 마찬가지로 문 전도사에게는 쓰라린 아픔이 있는 곳이다. 시댁에서의 20여 년 세월은 눈물과 한숨뿐인, 남편 없는 생과부 시절이었기 때문이다.

하지만 시집살이 20여 년 동안 자신에게 참으로 많은 사랑을 베풀었던, 결코 잊을 수 없는 두 사람이 있었다. 한 분은 돌아가신 시아버지였고, 또 한 분은 큰 시숙인 정영범 씨였다. 정영범 씨는 동생의 잘못이 마치 자신의 잘못인 양 늘 미안한 마음이었으며, 남편 없이 혼자 살아가는 제수를 위해 힘이 되려고 애쓰던 사람이었다.

증도에 들어가 제일 먼저 전도한 사람이 바로 이 큰 시숙이었다. 그역시 이판일 장로와 마찬가지로 예수 믿으라는 한마디에 바로 예수를 믿은 사람이다.

"제수씨처럼 착한 사람이 믿는 종교라면 나도 믿어야제. 제수씨 말들어서 손해날 게 뭐가 있겠어라. 제수씨 말대로 우리 다 함께 예수믿고 복 많이 받으며 살자고라잉."

이렇게 말한 다음 온 가족을 이끌고 나가 예수를 믿었다.

교회를 지을 때도 큰 시숙이 돈을 얻어다가 지었으며, 나무와 벽돌등 건축 자재들을 육지에서 실어 나르는 일도 모두 큰 시숙이 맡아서 했다. 그리고 큰 시숙이 사용하던 텃밭을 기꺼이 교회 지을 땅으로 내놓았다.

증동리에 교회를 건축하기 위해 한창 교인들이 철야기도를 하고 있을 즈음, 마침 목포에서 고등학교를 다니던 큰 시숙의 손녀 정옥순이

고향에 내려왔다. 기독교 학교를 다니던 정옥순은 이미 신실한 크리스천이었다. 작은할머니가 전도부인이 되어 고향에 내려와 예배당을 지으려 한다는 소식을 듣고 너무 기뻤던 그녀는 할아버지를 졸라 텃밭을 교회 부지로 내놓게 한 것이다.

손녀의 말을 들은 정영범 씨는 기특한 손녀의 부탁을 단번에 들어주었다. 이렇게 해서 예배당을 지을 돈과 건축 자재와 땅이 다 마련되었다. 이때부터 온 교인이 힘을 모아 모래를 나르고 벽돌을 옮겨 하나하나 예배당을 짓기 시작했다.

정영범 집사의 손녀 정옥순은 나중에 문 전도사의 소개로 영진약품 김생기 회장과 결혼해서 모범적인 신앙생활을 하다가 1987년 하나님의 부르심을 받았다. 이들이 결혼식을 올린 곳이 바로 증동리교회였다. 작은할머니가 할아버지와 함께 힘을 모아 개척한 교회에서 온 마을 사람들의 축복 속에 혼례를 치렀으니 얼마나 복되고 아름다운 결혼식이었겠는가.

예수를 믿기 전 문준경 전도사는 처절하게 외로운 세월을 보냈지만 예수를 믿고 전도부인이 된 다음에는 가는 곳마다 귀한 동역자들을 만나 행복한 목회를 할 수 있었다. 임자도에는 이판일 장로가 있었고, 증도에는 큰 시숙인 정영범 집사가 있었다. 이들은 모두 문 전도사를 위해 하나님이 예비하신 충성스러운 일꾼이었다.

증도에 최초로 세워진
증동리교회

"선착장에서 증동리까지는 돛단배로 갔지라. 순교지 앞 모래사장까지 배가 들어갔으니께. 거기 기와나 모래 같은 걸 내려놓으면 교인들이 죄다 날라다 교회를 지었제. 우리가 믿음대로 살아야 한다, 그래서 교회를 지어야 한다, 그때는 오로지 이것만 생각했당께. 참말로 신앙 위주로만 살았어라.

일제 때 교회를 뺏기기도 하고 말할 수 없는 핍박을 당하믄서도 굳건히 지켜 온 교회가 바로 증동리교회랑께요. 우리 증동리교회가 이 도서 지방에서 제일로 다가 큰 교회지라. 어머니교회랑께요. 임자도에 진리교회도 세우셨지만 문 전도사님께서 주로 머물러 계시던 교회가 증동리교회제. 증동리교회를 중심으로 해서 이 근방 도서 지역 전도를 하셨던 것이오."

증동리교회를 처음 지을 당시를 고 김두학 장로는 이렇게 회고했다. 1933년의 일이다. 교인들 대부분이 농사를 짓는 사람들이었기 때문에 남자들은 논과 밭에서 일을 하고, 여자들은 보리방아 찧으랴 길쌈 매고 물 긷고 아이들 뒤치다꺼리에 끼니마다 식사 준비하랴 다들 쉴 틈

마을 전체를 한눈에 내려다보며 우뚝 서 있는 증동리교회는 증도 신앙 공동체의 상징이다. 온 교인들이 한밤중에 횃불을 밝혀 놓고 찬송을 부르며 피땀 흘려 지은 이 예배당을 기점으로 문준경 전도사는 섬 지방 선교를 본격적으로 펼쳐 나갔다.

없이 바빴다. 이런 와중에 예배당을 지어야 하니 잠을 줄이고 밤중에 일하는 수밖에 없었다. 한밤중에 횃불을 밝혀 놓고 찬송을 부르며 예배당을 지은 것이다.

부녀자들이 머리에 무거운 기왓장을 이고 얼마나 날랐는지 나중에 여자 성도들의 머리가 거의 다 벗겨질 정도였다고 한다. 흙은 야산에서 퍼다 날랐고, 물은 동구 밖까지 나가서 길어 왔으며, 짚은 작두날이 무뎌질 만큼 썰고 또 썰어야 했다. 그러면 여자들이 팔을 걷어붙이고 반죽을 했는데 얼마나 반죽을 많이 했는지 손끝이 갈라져 피가 맺히고 굳은살이 박여 젓가락질을 하기가 힘들었단다.

이렇게 피땀 흘려 지은 예배당이었으니 완공되었을 때 그 감격이 얼마나 컸겠는가. 모두들 기뻐서 눈물을 흘리며 손에 손을 잡고 감사의 찬송을 불렀다. 지금도 마을 전체를 한눈에 내려다볼 수 있는 위치에 우뚝 서 있는 증동리교회는 증도 신앙 공동체의 상징으로서 그날의 수고와 감격을 고스란히 간직하고 있다.

예수가 뭔지도 모르고 미신을 숭배하며 전통적 가치관을 가지고 살던 마을에 예배당이 세워지자 핍박과 시련이 들이닥쳤다. 그 첫 번째 시련은 문 전도사 자신에게 닥친 것이었다.

문 전도사는 증동리교회를 건축한 후 이성봉 목사를 모셔다가 학습 세례식을 했다. 교회가 세워진 뒤 처음으로 갖는 소중한 행사였기에 직접 목포로 가서 이성봉 목사를 모시고 들어왔다. 이 광경을 본 몇몇 마을 어른들이 정씨 집안 막내며느리가 서방을 얻어서 데리고 다닌다는 소문을 퍼뜨렸다. 악의적으로 문 전도사를 괴롭히기 위해

저지른 일이었다. 이들은 한술 더 떠서 문 전도사의 큰 시숙을 찾아가 호통을 치고 따지며 훈계했다.

듣다 못한 큰 시숙은 이들에게 물러서지 않고 단호하게 대응했다.

"어르신들, 해도 해도 너무들 하시오. 지 동생에 대해서 그리고 제수씨에 대해서 다들 잘 아시지 않어라? 제수씨는 절대 그럴 사람이 아니랑께요. 설령 제수씨가 다른 남정네를 만나고 다닌다 혀도 지는 아무 할 말이 없는 사람이지라. 지 동생이 제수씨에게 얼마나 못된 짓을 했는지 잘 아시지라? 지 솔직한 심정은 차라리 제수씨가 좋은 남자라도 만나 새 출발이나 했으면 좋겠소. 근디 제수씨는 그럴 마음이 없어라. 전도부인이 되어 예수님 말씀 전하러 다니기에도 시간이 없는 사람이랑께요. 제수씨가 모셔 온 분은 증동리교회 행사를 위해 목포 북교동교회에서 오신 유명한 목사님이시오. 인자 고마 다들 돌아가 보시랑께요."

따지러 갔던 사람들이 오히려 면박만 당하고 물러날 수밖에 없었다. 큰 시숙 정영범 집사는 언제나 문 전도사의 든든한 바람막이가 되어 주었다. 이성봉 목사를 모시고 부흥회를 열었을 때는 큰 시숙이 많은 은혜를 받아 이성봉 목사에게 시를 한 수 지어 바치기도 했다. 그는 교회의 기둥이자 문 전도사의 믿음직스러운 동역자요 순수하고 진실한 신앙인이었다.

그러던 큰 시숙이 세월의 무게를 견디지 못하고 어느 날 하늘나라로 떠나고 말았다. 문 전도사는 양팔이 다 떨어져 나가는 듯 슬프고 아팠다. 남편 없는 시댁에서 큰 시숙은 그녀에게 큰 위로가 되었으며,

전도부인이 되어 증동리교회를 세울 때는 누구보다 강력한 후원자였고, 그 존재만으로도 마음이 편안해지는 견고한 믿음의 동지였다. 시아버지에 이어 큰 시숙마저 자신의 곁을 떠남으로써 이제 그녀는 이 세상에서 정말 홀로서기를 해야만 했다.

문 전도사는 자식이 없어서 더욱 그랬는지는 모르지만 어린아이들을 몹시 좋아했다. 어느 교회를 개척하든지 늘 주일학교가 아이들로 넘쳐 났다. 문 전도사가 아이들 앞에서 찬송을 부르고 성경 말씀을 전하면 아이들은 조용히 앉아 귀를 기울였다.

이때 증동리교회 주일학교를 다니던 어린아이 중 한 명이 중앙성결교회 이만신 원로목사였다. 그는 어린 시절의 기억을 언젠가 글로 남긴 적이 있다.

"내가 다섯 살 때쯤 교회를 개척했으리라고 생각되는데 동리에 교회가 들어오자 나의 할머님, 어머님이 자연히 최초의 교인이 되었으며 따라서 나 역시 최초의 주일학교 학생이 되었던 것이다. 따라서 나는 전도사 할머님의 영향을 알게 모르게 많이 받은 것이 사실이다. 특히 교회에 어려운 일이 있으면 우리 집에 오셔서 어머님과 의논하시곤 하였는데, 이러한 모든 것이 지금의 나의 목회생활에 영향을 주었으리라 여겨진다.

한번은 어느 교인 하나가 낙심하여 배교하였을 때 문 전도사 할머님이 우리 집에 찾아오셔서 어머님에게 하시는 말씀이 '네가 맏아들을 잃었을 때 마음이 이렇게 아팠느냐?' 하시면서 눈물을 흘리시던 모습이 지금도 눈에 선하다(어머님은 여섯 살 난 맏아들을 잃으셨던 것이다)."

예배 때마다 피아노를 힘차게 연주하는 증동리교회 최영숙 할머니. 백발에 쪽 찐 머리를 하고 성가대 피아노 반주를 하는 할머니가 다른 교회에도 있을까? 아마도 한국 교회 대예배 피아노 연주자 중 최고령자가 아닐까 싶다.

문준경 전도사는 교인 한 사람 한 사람을 자기 친아들이나 딸처럼 귀하게 여기고 사랑했다. 일찍이 아버지로부터 받지 못했던 지극한 사랑, 남편으로부터 받지 못했던 뜨거운 사랑, 그리고 자식에게 줄 수 없었던 끝없는 사랑을 전부 한데 모아 자신이 복음을 전하고 돌봐야 했던 수많은 섬사람들에게 남김없이 주고 또 주었던 것이다. 증동리교회 성도들은 그 사랑을 먹으며 무럭무럭 자라나는 주님의 건강한 아이들이었다.

우리나라 치유상담의 권위자인 크리스천치유상담연구원 정태기 목사는 문준경 전도사가 증도에 남기고 간 아름다운 사랑의 열매에 대해 이렇게 고백하였다.

"제가 몇 년 전에 증동리에 가서 임정환 교수와 함께 집회를 했는데, 매일 평균 500명에서 600명이 참석했습니다. 앉을 자리가 없었어요. 증동리에는 모든 가정이 100퍼센트 예수를 믿는다고 해도 틀린 말이 아닙니다. 인구로 보면 대략 95퍼센트 이상이 예수를 믿습니다. 어렸을 때 생각해 보면 증동리에 미신이 많았어요. 다 미신이었어요. 나무에도 귀신, 바위에도 귀신, 바다에도 귀신이 있다고 믿고 살던 사람들이었는데, 어떻게 이 사람들이 이렇게 변했을까 참 신기합니다. 이게 다 문 전도사님 때문입니다. 증도에 교회가 열한 개나 됩니다. 마을마다 교회가 있습니다. 이건 기적 같은 일입니다. 문 전도사님 순교의 피 때문에 지금도 성령이 뜨겁게 역사하고 계신 겁니다."

바다 건너 대초리에 세운 세 번째 교회

지금은 대초리에서 증동리로 가는 길이 포장도로로 잘 닦여 있지만 옛날에는 이 두 마을 사이에 얕은 바다가 있어 건너가기가 쉽지 않았다. '전증도'라 불리던 대초리에서 '후증도'라 불리던 증동리를 가려면 썰물 때를 기다려 갯벌 위로 드러난 노두를 밟고 건너야 했다. 물론 밀물 때는 노두가 다시 바닷물에 잠기게 되니까 건널 수가 없었다.

하지만 썰물 때 노두가 드러나더라도 갯벌에 잠겨 있던 돌에 미끌미끌한 개흙이 잔뜩 묻어 있으니 여간 조심하지 않으면 미끄러져 갯벌에 빠지기 십상이었다. 그나마 낮에는 보고 건널 수 있어 별다른 위험이 없었지만 밤이 되면 잘 보이지가 않아 위험하기 짝이 없었다. 요즘 같으면 가로등도 있고 손전등도 있지만 옛날이야 그런 게 있을 리 없으니 오로지 달빛과 별빛에 의지해서 건너야 했다.

게다가 노두의 길이가 약 2.5킬로미터에 이를 정도로 길어 한번 건너려면 시간을 잘 맞춰야 했다. 밀물 시간이 얼마 남지 않은 상태에서 급하게 건너다 보면 바닷물이 금방 차올라 중간쯤에서 꼼짝없이 바다에 갇히는 꼴이 되고 말았다. 바닷물이 들어오더라도 허벅지까지밖에 차지 않았지만 사방이 다 바닷물이라 그 한가운데 서 있으면 누구라도 겁에 질리게 마련이었다. 일단 바닷물이 들어오면 노두가 보이지 않으니 빨리 건너고 싶어도 건널 수가 없었다.

증동리 사람들이 힘을 모아 멋진 예배당을 지었다는 소문을 대초리 사람들도 들어 알고 있었지만 썰물 때를 기다렸다가 긴 노두를 건너 증동리까지 교회를 다니기는 쉽지 않았다. 그리고 증동리에는 큰 시숙과 친척들이 살고 있어 예배당을 짓고 전도하는 일이 비교적 순탄하게 이루어질 수 있었지만 대초리는 증동리와 전혀 다른 상황이었다.

경성성서학원을 다니는 동안 매년 고향에 내려와 진리교회와 증동리교회를 돌보던 문준경 전도사는 1935년 2월 졸업을 앞두고 마지막으로 맞이한 실습 기간을 이용해서 대초리에 교회를 세우기로 결심한다. 세 번째 교회 개척에 나선 것이다.

틈날 때마다 증동리와 대초리를 바쁘게 오가야 했던 문 전도사에게 노두길은 암초 같은 존재가 아닐 수 없었다. 노두를 건너던 중에 바닷물이 들어와 오도 가도 못하고 자칫하면 목숨을 잃을지도 모를 위기에 처한 적이 여러 번 있었다.

"험한 시험 물속에서 나를 건져 주시고 노한 풍파 지나도록 나를 숨겨 줍소서. 주여 나를 돌아보사 고이 품어 주시고 험한 풍파 지나도록 나를 숨겨 줍소서."

그때마다 문 전도사는 이 찬송을 부르면서 두려움을 물리쳤다.

대초리 사람들은 증동리 사람들에 비해 폐쇄적이었다. 미신과 우상숭배에 깊이 빠져 있었으며 마을에 교회가 세워지는 데 대해 극도로 반감을 갖고 있었다. 그들은 문 전도사가 대초리에 들어온 이후 여자들이 더 게을러졌으며, 남자들은 쓸데없이 노래만 부르고 다닌다면서 험담을 퍼부어 댔다.

그러나 문 전도사는 이런 훼방에도 아랑곳하지 않고 한 사람 한 사람 찾아다니며 전도를 한 끝에 자그마한 예배당을 마련할 수 있었다. 믿는 사람 수는 얼마 되지 않았지만 뜨겁게 찬양하며 기도하는 소리가 대초리에 울려 퍼지게 되었다.

그러던 어느 주일 저녁이었다. 한창 예배를 드리고 있는데 난데없이 돌멩이 하나가 날아와 등잔을 깨뜨려 버렸다. 갑자기 초롱불이 꺼지자 예배당은 칠흑같이 깜깜해졌고, 부녀자들은 놀라 허둥대며 소리를 질렀다. 청년들과 함께 나가 봤더니 사내들이 술 냄새를 풍기며 웃고 있었다. 그들은 뭘 잘했다고 오히려 고래고래 욕설을 퍼붓고 있었다.

문 전도사는 그들에게 뚜벅뚜벅 다가가 나지막하게 말했다.

"지는 대초리에 해를 끼치려고 온 게 아니구만요. 예수님의 복된 말씀을 전해서 모든 마을 사람들이 다 구원받고 행복하게 잘살도록 만들기 위해 온 것이지라. 우리는 시방 대초리의 부흥과 발전을 위해 기도하는 중이었당게요. 여러분들이 술김에 그런 것 다 이해허요. 긍게로 들어가서 우리 마을을 위해 같이 기도하는 게 어떻겄소? 자, 들어가시오."

한바탕 맞붙어 소란을 피우려 계획했던 그들은 문 전도사가 이렇게 나오자 쭈뼛거리다가 하나둘 그냥 돌아갔다. 시비를 걸 분위기가 아니었던 것이다.

교회를 개척할 때마다 늘 크고 작은 어려움이 따르기 마련이었지만 시간이 지날수록 이들의 횡포는 더욱더 심해졌다. 전도하러 가는 문 전도사의 길을 막고 욕을 하며 옷을 잡아 찢기도 했고, 예배 드릴 때마다 술을 마시고 나타나 소리를 지르며 예배를 방해하기도 했다. 교회를 지날 때면 항상 침을 뱉고 욕을 해댔다.

이 사람들이 이러면 이럴수록 문 전도사는 더 간절하게 이들을 위해 기도했다. 좌절하거나 슬퍼하거나 두려워하지 않고, 그토록 못살게 괴롭히는데도 변함없이 자신들을 대하고 사랑을 베풀며 복음을 전하는 문 전도사를 보고 이들의 마음이 결국 움직이기 시작했다. 마을에서도 이름난 불량배들이었던 이 사람들이 예수를 믿게 되자 다른 사람들도 자연스럽게 복음을 받아들이게 되었다.

대초리교회 안정환 장로는 그때 문 전도사가 생명을 걸고 교회를 개척한 거라고 말했다.

"문 전도사님이 집집마다 방문허믄서 전도를 하셨당께요. 부락 어른들이 핍박을 많이 했는디 결국 다 이겨 내셨지라. 얼굴이 참말 곱고 예쁘셨어요. 혼자서 신안 일대를 다 다니셔야 허니께 대초리에 오래 계시지는 않았지라. 마을에 아주 고약한 분들도 있었당께요. 근디 그때 예수를 처음 믿었던 어른들은 거의 다 돌아가셔 부렀소.

시방 대초리교회는 주일 낮 예배 때 110명에서 120명 정도 모입제라. 대초리 마을 분들이 거의 다 나오시는 셈이오. 옛날에는 굿을 하는 당산이 있었는디 지금은 그런 거 일체 없어요. 대초리교회 출신들이 외지에 나가서도 신앙생활 아주 잘한당께요. 섬에 이런 교회가 있

커다란 두 개의 지붕이 위로는 하늘을 높이 떠받들고
아래로는 땅과 사람들을 포근히 감싸고 있는 대초리교회.
함박눈이 펑펑 쏟아진 어느 겨울 밤 달빛에 비친 대초리교회 풍경이
몽환처럼 신비롭기 그지없다.

다는 게 신기한 일이제. 아무튼 문 전도사님은 대초리교회를 세우면서 엄청나게 고생하셨지라. 정말 생명 걸고 하신 거랑께. 사람의 생각으로는 도저히 할 수가 없어. 못 해요."

증도를 둘러보다가 그림처럼 예쁜 교회를 발견하고 이내 발길이 멈춰진다면 그게 바로 대초리교회다. 커다란 두 개의 지붕이 위로는 하늘을 높이 떠받들고 아래로는 땅과 사람들을 포근히 감싸고 있는 예배당 모습이 마치 문준경 전도사가 두 팔을 벌리고 서서 지치고 힘든 사람들을 향해 어서 오라고 손짓하며 활짝 웃고 있는 것처럼 보였다.

작은 나룻배에
몸을 싣고

"문 전도사님은 늘 손에 먹을거리나 옷가지를 들고 다니며 복음을 전하셨다고 합니다. 여름철에는 마당 가운데 모깃불을 피워 놓고 찬양을 하면서 이를 듣고 모여든 사람들에게 복음을 전하셨죠. 그 외에도 아픈 환자 집에 가서는 치료를 해주시고, 가난한 집에는 제삿집이나 잔칫집에서 먹을 걸 챙겨다 주시곤 했습니다.

이렇게 먹을 것을 주고, 병을 고쳐 주고, 옷을 입혀 주고, 찬양을 부르며 말씀을 전하시니 자연히 복음 전하는 일에 열매가 많았습니다. 그때는 바람의 힘으로 움직이는 돛단배를 타고 다니셨어요. 후원자도 없으니 자력으로 이렇게 하셨고, 미군 물자가 들어오면 이를 활용하기도 했습니다. 그분의 전도 방법은 사도 바울과 흡사한 것이었습니다."

증동리교회 김상원 목사는 돛단배를 타고 이 섬 저 섬을 돌아다니며 주님을 위해 오로지 복음 전하는 일에만 매달렸던 문준경 전도사를 사도 바울 같은 분이었다고 고백했다.

정말 그랬다. 문준경 전도사는 섬마을의 여자 사도 바울이었다. 진리, 증동리, 대초리 세 마을에 교회를 개척한 후에는 마을 중간 중간에 수시로 모여 기도할 수 있는 기도처를 만들었다. 기도처는 우전리 기도소, 재원 기도소, 방축리 기도소 등으로 계속해서 늘어났는데, 나중에 이 기도소들은 전부 번듯한 교회로 성장하였다.

"지는 약 50년 전부터 증동리교회를 다니기 시작했는디 거리가 너무 멀어서 힘드니까 1983년 2월 13일 이곳 방축리에 교회를 세워 증동리교회로부터 분리 독립을 했어요. 그때 방축리교회로 옮겨 온 성도들이 한 스무 명 정도 됩니다. 문준경 전도사님이 세우신 방축리 기도소는 교회 위쪽으로 보이는 파란 지붕 덮인 집이제라. 기도소는 교회를 세울 수 없으니까 동네 사람들이 모여 기도할 수 있는 공간으로 만든 것이오."

이주청 장로의 설명이다. 그때 방축리에 세웠던 기도소는 지금 방축리교회가 되어 온 마을 사람들이 다 교인인 은혜의 교회가 되었다.

교회와 기도소들이 늘어날수록 문 전도사는 쉴 새 없이 바빠졌다. 그렇지 않아도 여자 혼자 몸으로는 도저히 감당할 수 없을 정도로 일이 많았고, 자신을 돌보지 않고 무리한 탓에 몸은 날로 쇠약해져 가고 있었지만 그녀는 전혀 개의치 않고 강행군을 계속했다.

섬과 섬을 오가는 교통수단은 작은 돛단배가 전부였다. 그나마 날씨가 좋지 않거나 폭풍이라도 불어닥치는 날이면 다시 날씨가 좋아질 때까지 배를 띄울 수가 없었다. 이런 날이 길어지면 며칠씩 꼼짝없이 발이 묶인 상태가 되었다.

하지만 문 전도사는 날씨가 좋지 않다고 해서 마냥 한 섬에 머물러 있을 수 없었다. 다른 섬에서 교인들이 자신을 애타게 기다리고 있다는 사실을 잘 알고 있었기 때문이다. 그래서 일기가 좋지 않은 날 억지로 배를 띄워 위험천만한 일을 당할 때도 많았다.

하루는 파도가 일고 바람이 심하게 불던 날이었는데, 증도에서 임자도로 가기 위해 무리하게 배를 띄우게 되었다. 작은 나룻배 한 척에 여러 사람이 목숨을 맡긴 채 조심조심 노를 저어 바다를 지나고 있었다. 그런데 갑자기 파도가 거세지면서 무섭게 비바람이 불어오기 시작했다. 그깟 작은 나룻배쯤이야 언제라도 뒤집어질 수 있는 급박한 상황이었다.

"워메, 난리 나부렀네! 인자 다 죽게 생겼당께! 어째야 좋을까, 어째야 쓰까……."

배에 탄 사람들은 꼼짝없이 죽게 되었다 생각하고 호들갑을 떨며 바닥에 납작 엎드려 벌벌 떨고 있었다. 순간 문 전도사는 사공이 놔 버린 노를 부여잡고 기도를 하기 시작했다.

"살아 계신 하나님 아버지! 지가 시방 여그서 죽는다면 불쌍한 우리 어린 양들은 누가 돌본단 말이어라? 지는 인자 하나님 믿고 전도자가 되었응께 죽어도 상관없지만 이제 막 개척한 교회에 남아 있는 성도들을 생각하믄 이리 뜬금읎이 죽을 수가 없당께요. 남은 사명 끝까지 완수하고 죽을 수 있게 해주시오! 말씀 한마디로 바람을 잔잔케 하신 주님, 이 파도와 바람을 잔잔케 하여 주옵소서! 주여, 믿습니다!"

상황이 급하면 기도 응답도 빠른 법이다. 아직 성서학원 졸업도 하지 못한 문 전도사를 하나님이 이렇게 일찍 데려가실 수는 없는 일이었다. 기적처럼 바람이 잔잔해졌다. 파도도 감쪽같이 멈춰 버렸다.

세상에 이럴 수가! 구약 성경에 나오는 요나 이야기 같은 일이 실제로 일어난 것이다. 요나는 하나님 말씀에 불순종함으로써 자기 때문에 다른 사람들까지 다 죽게 될 위기를 맞았지만 문준경 전도사는 하나님 말씀에 순종함으로써 자기뿐만 아니라 다른 사람들까지 다 살려 낸 셈이었다.

문준경 전도사는 배 위에서 감사 찬송을 불렀다. 같이 배에 타고 있던 다른 사람들은 이 믿을 수 없는 광경에 넋이 빠져 있다가 정신을 차리고는 함께 찬송을 따라 불렀다. 나중에 이 사람들은 모두 예수를 믿게 되었다고 한다. 배 안에서 이런 기적을 체험했으니 예수를 믿지 않을 도리가 없었을 것이다.

"산을 넘고 강을 건너 복음 지고 가는 자야. 무안군도 십일 면에 십만여 명 귀한 영혼. 이 복음을 못 들어서 죄악 중에 헤매이네. 달려라, 그 귀한 발걸음. 전하여라, 그 귀한 복음을. 압해 지도 도초 안좌 자은 암태 임자 하의 비금 팔금 흑산에 전하여라, 그 복음을."

문준경 전도사는 배를 타고 섬을 오갈 때마다 증동리교회에서 시무하던 김정순 전도사가 지은 '도서가'라는 찬송을 즐겨 불렀다. 이 노래에는 섬마을에 태어나 평생을 죽어라 일만 하면서 예수를 모르고 살아가는 불쌍한 섬사람들에 대한 문 전도사의 깊은 애정과 연민이 가득 담겨 있다. 압해도에서 흑산도까지 신안에 있는 섬들의 이름을 매일 불러 가며 이 섬사람들이 하루빨리 복음을 듣고 예수를 믿게 되기를 소원했던 것이다.

당시 문준경 전도사가 섬을 돌아다니며 복음을 전한 결과가 얼마나

당시 섬과 섬을 오가는 교통수단은 작은 돛단배가 전부였다.
그나마 날씨가 좋지 않거나 폭풍이라도 불어닥치는 날이면
다시 날씨가 좋아질 때까지 배를 띄울 수가 없었다.
이런 날이 길어지면 며칠씩 꼼짝없이 발이 묶인 상태가 되었다.

놀라운 것이었는지에 대해 정태기 목사는 이렇게 설명한다.

"그분의 말씀을 듣고 예수 믿겠다는 사람이 많이 나왔어요. 한두 마을이 아니라 수십 곳에서 이런 일이 벌어지니까 혼자서는 감당이 안 되잖아요? 그래서 섬마다 심부름할 수 있는 아이들을 일종의 제자처럼 세우셨죠. 여러 마을에서 제자들이 나왔는데 훗날 이 중에 목사가 된 사람만 해도 70명이 넘었어요. 이들에 의해 섬이 뒤집어진 겁니다.

다른 섬에는 복음이 들어가기 어려웠어요. 전부 미신을 믿고 옛날 풍습에 젖어 사니까요. 그런데 문 전도사님이 복음 전하는 곳에는 미신이 없어지고 성령의 역사가 일어났어요. 그리고 사람들이 머리가 깨어 많은 인재들이 배출되었죠. 신안의 섬들에 문 전도사님으로 인해 일대 혁명이 일어난 셈입니다. 육지 사람들과 섬사람들을 비교해 보면 똑똑한 사람들은 대부분 섬사람들이었어요. 그 원인이 문 전도사님의 선교 영향 때문이라고 저는 믿고 있습니다."

문준경 전도사는 진리, 증동리, 대초리 세 마을에 교회를 개척한 후
마을 중간 중간에 수시로 모여 기도할 수 있는 기도처를 만들었다.
이때 세워진 기도처는 나중에 전부 번듯한 교회로 성장했다.
방축리교회도 그중 하나다.

고무신
아홉 켤레

 1936년 5월 1일, 힘들고 어려웠던 긴 여정 끝에 드디어 경성성서학원을 졸업하게 된 문준경 전도사는 본격적으로 복음 전도의 길에 나서게 된다. 증동리교회를 선교본부로 삼아 머물면서 하루도 빠지지 않고 신안 일대의 섬들을 돌며 말씀을 전했다.

 문준경 전도사의 목회 방식은 완전히 종합적인 것이었다. 쉽게 말하면 할 수 있는 건 뭐든지 다 하는 목회였다. 때로는 의사로, 때로는 간호사로, 때로는 산파로, 때로는 유모로, 때로는 우편배달부로 교인들을 위해 무엇이든 봉사하고 심부름하는 역할을 도맡았다.

 한번은 증동리에 장질부사가 돌았다. 장질부사는 장티푸스를 말하는데, 시골 사람들은 흔히 '염병'이라 불렀다. 먹을 게 부족하고 위생시설이 형편없던 그 시절 많은 사람들을 죽음으로 몰아간 무서운 전염병이었다. 한 집에 환자가 한 명 생기면 가족 전체가 금방 전염되었다. 죽어 나가는 사람이 속출했다. 하지만 장례를 치를 수도 없었다. 장례를 치르려면 환자의 집에 들어가야 하고 시체를 만져야 하는데 전염될 위험이 있기 때문이다.

사람들은 자꾸 죽어 가는데, 시체를 치울 수도 장례를 치를 수도 없으니 그야말로 온 동네에 냄새가 진동하면서 살벌한 죽음의 기운만이 서서히 퍼져 나갔다. 일본인 관리들도, 마을 주민들도 속수무책이었다.

이때 문준경 전도사가 나섰다. 환자의 집에 들어가 시체를 옮겨 날랐으며, 조촐하게 장례를 치러 주었고, 아직 살아 있는 사람들을 돌보고 치료했다. 어느 누구도 감히 할 수 없는 일이었다. 교인들은 모두 나서서 문 전도사를 말렸다. 전염되면 죽는다고 한사코 말렸지만 문 전도사를 막을 수는 없었다. 문 전도사는 염려하는 교인들에게 이렇게 말했다.

"시체들이 썩어서 점점 더 징한 악취를 풍기고 있는디 이걸 어째 그냥 두고만 보겠당가요? 하루라도 빨리 장례를 치러부러야 죽은 사람들도 편히 눈을 감고 산 사람들도 쪼깨 덜 고통스러울 거 아니것소? 이 일은 지가 해야 할 일이랑께요. 지는 남편도 없고 자식도 없으니 이러다 죽어도 아무 상관이 없는 사람이지라. 죽어도 하나님 뜻이고 살아도 하나님 뜻이랑께요. 그랑께 아무 걱정 하지 마시고 기도만 해주시오."

이렇게 나서서 죽은 사람들을 치우고 병든 사람들을 치료하며 온 마을을 돌아다녔지만 문 전도사는 전혀 장질부사에 전염되지 않았다. 오히려 예전보다 더 건강해졌다. 이 모습을 본 사람들은 더욱더 문 전도사를 따르고 존경하게 되었다.

그뿐만 아니라 문 전도사는 산파 역할도 톡톡히 했다. 평생 아이 하나 낳아 본 적이 없지만 산모에게서 아이를 받고 아이를 돌보며 키우는 데는 선수였다.

증동리교회 이영철 집사는 쌍둥이를 포함해서 모두 일곱 남매를 낳았는데, 이 아이들이 태어날 때 모두 문준경 전도사가 손수 받아서 돌봤다고 했다.

"이분은 전도만 하신 기 아이라 가정 사정에 따라 의사도 되었다가 홀어머니만 사시는 집에 가서는 남편 맹키로 역할도 했다가 또 우짤 때는 머리에 손을 얹고 기도하시면 아파서 끙끙 앓던 사람도 기냥 일어나곤 했지라. 그래서 예배 보는 시간이라고 하면 마을 사람들이 전부 모여들었당께요. 그렇게 바쁘신 어른이 증동리뿐 아이고 대초리, 방축리, 염산 등에도 교회와 기도소를 세우고 임자, 재원까지 다 다니셨어라. 나는 지금 죽어도 하나도 아깝지 않다고 하셨제.

그분은 자기를 버리신 분잉기라. 무섭거나 두렵거나 이런 게 없으셨던 분이랑께. 집수리도 하고 도배도 하고 모든 걸 그분이 손수 하셨어요. 재미난 이야기도 밤새 하실 정도로 유머 감각도 뛰어난 분이셨당께요. 그분 성경책에는 전부 다 붉은색으로 줄이 쳐져 있었는디 그걸 보고 또 보고 그러셨지라. 혹시 그분이 원체 피곤해서 몸살이 나실 때도 있었는디 그러면 우리에게 풍기 인삼을 사오라고 하셨제. 그걸 달여 잡수면 금방 일어나셨어요.

가리신 게 없었당께. 전염병 걸린 집에도 들어가 보살피고 그러셨으니까. 염병이라고 했지라. 마을에서 전부 줄을 쳐 놓고 왕래를 못하게 했제. 그래도 명은 하나님께서 알아서 하시는 거니께 예수나 잘 믿

곡도리 언덕에서 바라본 염전 위로 동트는 모습.
순교자의 섬은 오늘날 빛과 소금의 고장으로 변모했다.
빛처럼, 소금처럼 살아간다는 건 과연 어떤 삶일까.
증도를 찾는 순례자라면 이 질문 하나 만큼은 가슴속에 담아 가야 한다.

으라고 하믄서 전염병 걸린 집엘 들어가셨당께요. 지가 결혼해서 모두 일곱 남매를 뒀는디 그중 쌍둥이도 있어요. 그란디 이 일곱 남매 낳을 때 전부 산파를 맡아 아이를 받아 주신 분이 바로 문 전도사님이셨어라."

문준경 전도사는 걸어 다니는 병원이요, 식당이요, 조산원이요, 유치원이요, 우체국이며 양로원이었다. 살아 있는 예수가 따로 없었다. 문준경 전도사를 만나는 사람은 늘 자신의 문제를 해결 받았고, 위로 받았으며, 평안을 맛보았다. 그리고 예수를 믿게 되었다.

이렇게 잠시도 쉴 틈이 없이 돌아다녔으니 신발인들 남아날 리가 없었다. 문준경 전도사가 신고 다니던 고무신이 1년이면 무려 아홉 켤레나 닳아 없어졌다고 하니 놀라울 뿐이다.

고무신 바닥은 아주 얇다. 그리고 잘 벗겨진다. 그나마 여름에는 괜찮지만 겨울에 고무신을 신고 다니면 신발을 신으나마나 발이 시려 견디기 어렵고 동상에 걸리지 않을 도리가 없다. 문준경 전도사는 겨울에도 고무신만 신고 다녀야 했기 때문에 꽁꽁 언 빙판 위를 걷다가 넘어지기 일쑤여서 항상 손목 발목이 삔 상태였다고 한다. 그런 가운데도 먼 길을 마다 않고 달려가 예배 드리고 기도하고 사람들을 돌봤으니 이런 목자가 또 어디 있겠는가.

"문 전도사님은 늘 돌아다니면서 안수기도도 하시고 병도 고치시고 그랬어요. 문 전도사님이 제게 남기신 신앙의 유산이라고 한다면 믿음으로 살도록 기초를 만들어 주신 겁니다. 제가 주일학교 학생일 때 정말 사랑해 주시고 아껴 주셨어요. 보통 사랑했던 게 아니에요. 아주 특별하게 사랑해 주셨어요.

다 예수를 안 믿는다고 하지만 이분이 가기만 하면 전부 변화가 돼요. 말 잘하고 찬송 잘하고 예쁘고 사교성 좋고…… 모두들 좋아했어요. 언제나 남들보다 앞장을 섰어요. 다 감동받고 변화를 받았죠. 그때는 나룻배를 타고 다녔는데 아주 위험하고 불안했어요. 그걸 여러 번 갈아타고 섬마다 다니면서 전도를 하셨어요."

어린 시절이었지만 이만신 목사도 이런 문 전도사의 모습을 또렷이 기억하고 있었다.

"아골 골짝 빈들에도 복음 들고 가오리다. 소돔 같은 거리에도 사랑 안고 찾아가서 종의 몸에 지닌 것도 아낌없이 드리리다. 종의 몸에 지닌 것도 아낌없이 드리리다."

이 찬송가를 부끄럼 없이 부를 수 있는 목회자, 이 찬송가 가사처럼 진실로 순종하며 사는 목회자, 이 찬송가를 부르며 죽음을 두려워하지 않는 목회자, 문준경 전도사는 그런 목회자였다.

제5장

죽어서 열매 맺는
한 알의
밀알이 되어

환란과 핍박 중에도

1936년부터 1945년 해방이 되기까지 일제는 황국신민화 정책을 펴면서 더욱 노골적으로 교회를 탄압했고 창씨개명과 신사참배를 강요했다. 그리고 이에 저항하는 기독교인들을 무참히 학살했으며 예배당과 학교를 폐쇄하고 일부 교단을 해산했다. 그들은 신사참배가 종교의식이 아니고 국민의례일 뿐이라고 주장했지만 그것은 명백히 우상숭배인 동시에 우리 민족에 대한 반역행위였다.

1943년 5월, 성결교단에 대대적인 검거 바람이 불어닥쳤다. 이때 일제에 의해 구속된 교인들과 목회자들은 300명이 넘었으며, 신사참배에 끝까지 반대하던 사람들은 일제의 총탄에 쓰러져 거룩한 순교자의 반열에 올랐다. 당시 경성성서학원 원장을 지냈던 이명직 목사도 구금되어 8개월 동안 옥고를 치렀는데, 일제는 그래도 신사참배를 반대하는 분위기가 가라앉지 않자 마침내 성결교단 해산이라는 처참한 명령을 내리고야 말았다.

이런 와중에 증동리교회에도 잔혹한 탄압의 먹구름이 몰려오고 있었다. 평소 교회를 못마땅하게 생각하고 있던 동네 불한당들은 제 세상을 만난 듯 날뛰며 교회를 핍박하기 시작했다. 교회 종탑에서 종을 떼다가 일제에 헌납하더니 예배당 건물을 강제로 경방단警防團에 팔아넘기는 짓까지 자행하였다. 그리고 예배당을 판 돈 1,600원을 국방헌금이라며 빼앗아 갔다.

경방단은 일제강점기 말에 치안을 강화한다는 명목하에 소방대와 방호단을 통합하여 만든 조직으로, 위안부와 징용자들을 일본으로 송출하는 데 앞장섰던 대표적인 친일단체다. 이 경방단의 우두머리는 바로 조선인이었다. 이런 조선인 앞잡이가 일본인보다 더 악랄했다.

온 교인들의 땀과 피, 눈물과 기도로 지은 예배당을 어이없이 불한당들에게 송두리 빼앗기게 된 교인들은 땅을 치고 통곡하며 울부짖었지만 아무런 소용이 없었다. 교인들은 틈날 때마다 모여 기도하면서 어서 교회를 다시 찾게 해달라고 눈물로 부르짖었다.

한편 문 전도사는 거의 매일같이 일본 경찰에 불려 다니며 괴롭힘을 당해야 했다. 그들의 취조가 얼마나 끈질기고 집요했는지 마을로 돌아올 때는 항상 탈진한 상태였다. 그러나 이런 시련 속에서도 의연하고 당당한 자세를 잃지 않았던 문 전도사를 보고 일본 경찰들은 두 손을 들고 말았으며 교인들은 문 전도사를 중심으로 단결하게 되었다.

겨울이 가면 봄이 오듯이 모진 세월을 견딘 끝에 드디어 해방의 그날이 왔다. 해산되었던 성결교단도 복구되어 교회 문을 열었다. 예배당을 빼앗긴 채 이 집 저 집을 전전하며 힘들게 예배 드리던 교인들은 예배당을 되찾게 되리라는 부푼 기대에 가득 차 있었다.

그러나 예배당을 돈 주고 샀던 마을 유지는 예배당을 교인들에게

경방단은 일제강점기 말에 치안을 강화한다는 명목으로
소방대와 방호단을 통합하여 만든 조직으로, 위안부와 징용자들을
일본으로 송출하는 데 앞장섰던 대표적인 친일단체다.
일제는 이 경방단을 앞세워 교회와 기독교인들을 무자비하게 탄압하였다.

돌려줄 수 없다며 막무가내로 버텼다. 참으로 어이없는 일이 아닐 수 없었다. 해방이 되어 일제가 물러갔는데도 강제로 빼앗긴 예배당을 되찾을 수 없다니 이게 무슨 황당한 경우겠는가. 전남지방회와 서울 총회본부에서까지 직접 내려와 마을 대표들을 만나 설득했지만 이들은 요지부동이었다.

일제강점기 때 일제와 결탁해서 재산을 지키고 영화를 누렸던 일부 사람들은 해방이 되고 나서도 변함없이 권세를 누리며 풍족하게 살면서 오히려 일제에 의해 탄압받고 고난 당하던 사람들을 멸시하고 홀대하였다. 어처구니없는 일이었다.

참다못한 문 전도사는 목포지방법원에 소송을 제기하여 재판을 받기에 이른다. 증도에서 목포까지 먼 길을 수없이 오고간 끝에 결국 불법적인 방법으로 예배당을 차지한 마을 유지는 교인들에게 예배당을 되돌려 주라는 판결이 나와 교회를 되찾게 되었다. 온 교인들이 교회로 몰려가 예배당을 깨끗이 청소한 뒤 해방 후 첫 예배를 드리게 되었을 때 이제야 비로소 해방을 맞은 듯 교인들 눈에서는 뜨거운 감사의 눈물이 하염없이 흘러내렸다.

교회를 되찾은 뒤에도 몇몇 유지들은 동네 불한당들을 이끌고 와서 공공연하게 교인들을 못살게 굴고 폭력을 행사했으며 기물을 파괴했다. 이들은 아예 예배당 안에서 먹고 자면서 교회를 아수라장으로 만들어 놓았고, 교회를 찾는 교인들에게 온갖 폭언을 퍼부었다.

이번에도 결국 이 문제를 법정으로 가지고 가야 했다. 문 전도사는 '교회 불법 침입죄'와 '명예훼손죄'로 목포지방법원에 이들을 고발했고 법원에서는 이번에도 문 전도사의 손을 들어 줬다. 그 유지는 7년 동안 집에서 자숙하라는 판결을 받게 되었다.

이런 기나긴 싸움과 법정 소송을 겪으면서 몸도 마음도 지칠 대로 지친 문 전도사는 이내 자리에 드러눕고 말았다. 그리고 이후 몇 년 동안을 병치레에 심한 고생을 해야 했다. 그토록 자신의 몸을 돌보지 않고 오랜 세월 헌신적으로 교회를 개척하고 목회활동에 전념해 온 후유증이 한꺼번에 터져 버린 것이다. 혈담이 수없이 목으로 넘어왔고 머리가 아파서 밤중에 잠을 잘 수 없는 날이 많았다.

문준경 전도사의 병은 누적된 육체의 피로 때문만은 아니었다. 수십 년 동안 마음 한구석에 차곡차곡 쌓여 왔던 여자로서의 한과 고독이 암 덩어리처럼 커져 몸 전체를 지배하게 된 것이다. 신앙의 힘으로도 강인한 의지로도 어쩔 수 없는 연약한 한 여자의 모습이었다.

이때 문 전도사 곁을 지키며 온갖 정성을 다해 치료하고 돌본 사람이 바로 백정희 전도사다. 백 전도사는 문 전도사가 친딸보다 더 귀하게 사랑하고 아끼던 제자였다. 외로운 문 전도사를 위해 하나님이 보내신 천사 같은 동반자였다.

평소 문 전도사는 백정희 전도사를 위해 겨울이면 자기는 바람이 들어오는 문 쪽에서 자고 백정희 전도사는 따뜻한 아랫목에 재웠으며, 여름에는 반대로 시원한 문 쪽에 백정희 전도사를 재우고 자기는 더운 안쪽에서 잠을 잤다고 한다. 밥을 먹을 때도 맛있는 반찬이 있으면 꼭 젓가락으로 집어서 백정희 전도사의 숟가락 위에 얹어 줬다고 하니, 얼마나 예쁘고 사랑스러우면 그렇게 애지중지 돌보고 아꼈

백정희 전도사는 문준경 전도사가 친딸보다 더 사랑하고 아끼던 제자였다.
평소 그림자처럼 문 전도사를 따르던 그녀는 문 전도사가 순교하자
3년 동안 하얀 소복을 입고 새벽기도회를 마치면 하루도 빠짐없이
문 전도사 묘소에 가서 기도를 드렸다고 한다.

을 것인가.

어머니나 다름없는 문 전도사의 병치레가 잦아지자 백정희 전도사는 늘 마음이 아팠다. 문 전도사가 하루빨리 완쾌되기를 쉬지 않고 기도하면서 몸에 좋다는 약은 전부 지어다 달여 드렸다. 그리고 문 전도사를 대신해서 여러 교회를 다니며 예배를 인도했다.

"잉태치 못하여 생산치 못한 너는 노래할지어다. 구로劬勞치 못한 너는 외쳐 노래할지어다. 홀로 된 여인의 자식이 남편 있는 자의 자식보다 많음이니라. 여호와의 말이니라."

병문안을 온 교인이 이사야 54장 1절 말씀을 읽어 주면 문 전도사는 자리에 누워 조용히 눈물을 흘리기도 했다. 그 눈물의 의미와 무게를 누군들 감히 짐작이나 할 수 있었겠는가.

하루는 문 전도사가 백정희 전도사에게 이런 말을 했다.

"언젠가 우리 주님께서 부르시면 내는 내 고향 하늘나라, 저 천국으로 갈 것이여. 내가 죽으면 아마도 여러 교회에서 많은 손님들이 오실테지. 긍게 그때 가서 준비하려믄 너무 고생시러우니께 아적 내가 살아 있을 때 갈 준비를 다 해두면 좋겠구만."

백 전도사는 가슴이 철렁 내려앉았다. 가시다니. 꿈에서도 그런 생각을 해본 적이 없는데. 정말 가시면 어쩌나 눈물이 핑 돌았다.

이후 병세가 조금 나아졌을 때 문 전도사는 자신의 관을 미리 짜두었고, 수의까지 준비해 두었다. 백정희 전도사는 손수 문 전도사의 수의를 만들었다. 그러면서도 그 관과 수의가 그토록 빨리 쓰이게 될 줄은 꿈에도 생각지 못했다.

비록
제가 죽을지언정

해방 이후 일제의 지배와 탄압에서 벗어난 우리 민족과 교회는 자주독립국가 건설과 민족복음화 달성이라는 새로운 희망에 들떠 있었으나 시간이 갈수록 국토는 남북으로 갈리고 사상은 좌우로 분열되어 극심한 혼란 속으로 빠져들고 있었다.

마침내 1950년 6월 25일 주일 새벽 북한의 침공으로 6·25 사변이 터지고야 말았다. 20세기는 우리 민족에게 견디기 힘든 고난의 시기였다. 일제의 침략과 공산당이 일으킨 전쟁으로 수많은 사람들이 죽거나 다쳤고 국토는 폐허가 되었다. 그러나 교회사적으로만 보자면 일제강점기 35년 동안 일제에 의해 순교당한 교인의 숫자보다 6·25 사변 3년 동안 공산당에 의해 순교당한 교인의 숫자가 훨씬 더 많았다. 종교를 인민의 적으로 규정하는 공산당과 창조주 하나님만을 유일하게 섬기는 기독교는 결코 공존할 수 없는 관계였다.

별다른 저항 없이 서울을 점령한 공산당들은 계속해서 남쪽으로 밀고 내려와 8월에는 전라남도에 진격하였고, 이어 서해에 있는 여러 섬 지역까지 침투하기 시작했다. 이때도 마찬가지로 그동안 숨죽이고 있던 친일파들과 경방단에서 활동하던 불한당들이 일제히 들고일어나 공산당의 앞잡이가 되어 활동하였다. 사실상 북한에서 내려온 공산당보다 이런 사람들에 의한 민간인 피해가 더욱 컸다.

증도에도 인민군 50여 명이 들어와 동네 불한당들을 앞세워 주민들을 괴롭히며 구타와 구금을 일삼았다. 문 전도사와 여자 교인들에게는 자신들의 시중을 들게 했고, 증동리교회에는 노동당인민위원회 간판을 내걸었으며, 주택은 인민위원장이 점령해 버렸다.

공산당들은 뭐든지 이유를 붙여 잡아다가 고문을 하고 가두었다. 많이 배운 사람은 많이 배웠다는 죄로, 좀 잘사는 사람은 잘산다는 죄로, 교회를 다니면 예수를 믿는다는 죄로 잡아갔다. 이런 상황 속에서 문 전도사의 남편과 소실도 잡혀 와 갇혀 있었다. 문 전도사는 이때도 이들에게 정성을 다해 옥바라지를 했다. 옷가지를 챙겨 주고 더러워진 속옷까지 깨끗이 빨아다 줬으며 음식도 갖다 날랐다고 한다.

문 전도사는 나이가 많아 공산당들이 때리고 고문하지는 않았으나 젊은 백정희 전도사와 양도천 전도사 등 다른 교인들은 이루 말할 수 없을 정도로 심한 고문과 매질을 당하였다. 문 전도사는 이들을 돌보며 조국의 운명을 위해 날마다 피 끓는 기도를 드리곤 했다.

9월 27일 밤 문준경 전도사는 증동리교회 양도천 전도사, 진리교회 이봉성 전도사와 함께 목포에 있는 정치보위부로 끌려갔다. 마을 사람들이 따르고 존경하며 여간해서는 자신들에게 고분고분하지 않았던 이 세 사람을 목포로 데려가 철저하게 조사해서 사상 교육을 시킬 생각이었다. 그런데 바로 그날 밤 이들이 목포로 떠난 후 섬에서는

문준경 전도사가 증동리교회 교인들과 함께한 모습.
순교당하기 1년 전에 찍은 사진이다. 가운데 얌전히 앉아 있는
학생들이 이날 사진의 주인공인 성경학교 졸업생들로 보인다.
오른쪽에 서 있는 안경 낀 여성이 문준경 전도사다.

무수한 민간인과 구금되어 있던 많은 사람들이 공산당에 의해 처참하게 학살당하는 참극이 일어나고야 말았다.

9월 28일 새벽 문 전도사 일행이 목포에 도착하자 어찌된 영문인지 공산당들은 이미 다 철수하고 없었다. 국군이 상륙한 것이었다. 맥아더 사령관이 이끄는 유엔군이 인천상륙작전에 성공하여 서울을 수복하자 하루아침에 전세가 역전되어 남하하던 국군이 밀고 올라오게 되었다. 공산당은 문 전도사 일행을 내버려 두고 도망가기에 바빴다.

이때 전국을 돌며 부흥집회를 인도하다가 전쟁을 맞은 이성봉 목사는 우연히 목포에 내려와 있었다. 이성봉 목사와 문준경 전도사는 전쟁 중에 목포에서 눈물 어린 재회를 하게 된다. 한숨을 돌린 문준경 전도사는 빨리 증도로 돌아가야 한다며 자리에서 일어섰다. 어서 그들에게도 국군이 상륙했다는 기쁜 소식을 알리고 백정희 전도사도 돌봐야 했기 때문이다.

그러나 이성봉 목사는 문 전도사를 가지 못하게 말렸다.

"이사야 26장 20절에 보면 '내 백성아 갈지어다. 네 밀실에 들어가서 네 문을 닫고 분노가 지나기까지 잠간 숨을지어다'라는 말씀이 있어요. 지금 가면 위험합니다. 증도에 우리 국군들이 먼저 들어가서 공산당들을 완전히 토벌하고 나면 그때 들어가도 늦지 않습니다. 아직은 공산당들이 그대로 있어요. 이럴 때일수록 지혜롭게 행동해야지요."

그러나 문준경 전도사는 그렇게 할 수 없었다.

"비록 제가 죽을지언정 나 땜시 무고한 우리 신자가 죽어서는 안 되지라. 나 하나 죽는 것이야 암시랑토 안허지만 백 전도사가 모진 수모를 겪고 있을 팅게 제가 이러고 있을 수는 없당께요. 어서 돌아가야 쓰겄소. 한시라도 빨랑 말이오."

이렇게 해서 문 전도사는 이성봉 목사의 만류를 뿌리치고 급하게 증도로 향하게 된다. 이것이 이 세상에서 영적 사제 관계였던 이성봉 목사와 문준경 전도사의 마지막 만남이었다.

이성봉 목사는 자서전 《말로 못하면 죽음으로》에서 당시 상황을 이렇게 증언하고 있다.

> 8월 2일 수요일 밤, 집회를 하고 나서 치안서원들에게 붙들려 나갔다. "네가 목포에서 온 목사냐?"고 했다. "그렇다"고 하니 "이번에 비행기 열두 대가 와서 목포를 폭격한 것을 아느냐?"고 했다. "비행기 온 것은 안다"고 했더니, 어느 예수 믿는 여학생이 신호를 해서 비행기가 왔다는 것이고 그 주동자가 이성봉 목사라고 했다는 것이다.
>
> "나는 예수 믿고 전도나 하는 목사지 그런 것은 모른다" 하니 "이 자식아, 네가 예수 믿었느냐? 이승만을 믿었지. 목사 새끼 다 죽여 버려라!" 하더니 뒷산 밑으로 끌고 나갔다.
>
> 청년 십여 명이 몽둥이를 들고 마구 후려갈기니 스데반의 돌무덤이 생각나서 저들을 위하여 사죄 축복 기도를 하였다. 그런데 아무리 때려도 아프지가 않았다. 이 자식이 얼마나 뚱뚱한지 도무지 아픈 줄을 모른다고 더욱 많이 맞았다. 마지막엔 코가 터져 뜨거운 피가 쏟아지니 참으로 감사하였다. 주님은 나를 피 쏟아 구속했는데, 나도 생피라도 쏟게 하시니 감사하다는 마음이었다.

그만 쓰러져 기절하니 대장이 "아주 죽이지는 말아라. 단번에 죽이기는 아까우니 좀 더 고생시키다가 죽이자"며 찬물을 끼얹어 정신을 회복시켜 유치장에 쓸어 넣었다. 두세 평 되는 좁은 방에 30여 명을 쓸어 넣으니 제일 더운 한여름에 기가 탁탁 막혔다.

…… 감옥을 나와서는 치안서 바로 뒷집 최마리아 씨 행랑방에서 지내면서 모든 신자들이 찾아오는 대로 전도하고 위로하고 같이 예배하였다.

특별히 주일날 많은 사람이 함께 모이면 의심하기 때문에 저들의 눈길을 피하려고 시간제로 하루에 여러 번 분반하여 예배하였다.

아무래도 전쟁은 치열하고 미구에 끝날 것이 예감되고 그들이 후퇴할 때는 많은 희생자가 날 것 같아서 9월 20일경 밤에 소달구지를 타고 목포로 들어가서 골방에 숨어 있었다. 아닌 게 아니라 목포에 들어간 지 수일 후에 9월 16일 유엔군의 인천 상륙 감행으로 공산군이 후퇴하는데 그때 많은 사람이 희생되었다. 그때 그 치안서에서 나를 찾았으나 행방불명, 나는 되살아나서 주의 능력을 한 번 더 체험하였다.

그때 최명길 목사, 김재선 목사는 학살당하고 말았다. 그 후 나는 더욱 힘을 다하여 무너진 제단들을 다시 쌓고 흩어진 양떼들을 다시 모으기 시작하였다.

내가 숨었을 때에 찾아왔던 문준경 여전도사와 임자도의 이판일 장로 형제를 위하여 기도해 주고 가지 말라고 하나 그래도 교회를 생각하여 가더니 종내 그들에게 학살을 당하고 말았다.

새끼를 많이 깐 씨암탉

　　인천상륙작전의 성공으로 유엔군과 국군이 진격을 시작해서 이미 목포까지 국군의 손에 넘어갔다는 소식을 비밀리에 전해 들은 공산당들은 후퇴를 앞두고 최후의 발악을 하고 있었다. 빨리 도망이나 갔으면 좋으련만 이미 이성을 잃은 그들은 마지막까지 양민들을 학살할 계획을 세워 놓았던 것이다.

　　10월 4일 밤, 배를 타고 다시 증도로 들어온 문준경 전도사는 그들에게 발각되기만 하면 영락없이 죽은 목숨이었다. 그렇지 않아도 공산당들은 문 전도사를 이미 국군들이 상륙한 목포로 보낸 것을 땅을 치며 후회하고 있던 터였다.

　　문 전도사는 어서 마을 사람들에게 목포에 국군들이 들어왔으며 머지않아 증도에도 상륙할 거라는 기쁜 소식을 알려야 했다. 공포의 도가니에 빠져 극도의 불안감에 시달리고 있는 사람들에게 이 소식은 생명의 메시지나 다름없었다.

　　그날 밤의 긴박했던 상황을 정태기 목사의 설명으로 들어 보자.

　　"순교하시던 날 밤, 그때 제가 초등학교 5학년 때인데, 문 전도사님이 목포에 국군이 들어왔다는 소식을 전하기 위해 고무신을 신고 우리 집에 오셔서 '작은아버지, 작은아버지, 해방됐어요! 해방됐어요!' 이 말을 전하시고 선 자리에서 그대로 뒤돌아 증동리로 가셨습니다. 들어오라고 하는데도 그냥 가셨어요. 당시 섬에는 아직도 공산 사상을 가진 사람들, 사람을 죽이고 살리는 권한을 가진 사람들이 그대로 있을 때인데, 그날 그렇게 하고 다니시다가 잡히신 거예요."

순교 현장에서 살아남은 유일한 생존자인 고 김두학 장로는 이런 증언을 남겼다.

"목포로 끌려 나갔을 때 이성봉 목사님이 위험하니 들어가지 말라고 말리셨는디 믿는 사람이 전부 다 내 아들이요 딸이니 그들을 두고 내가 안 들어갈 수 없다 해서 들어오셨지라. 그걸 알고 숨어서 지내던 공산당들이 문 전도사님을 붙잡아 다른 사람들 맹키로 일곱 명을 줄로 묶어서 끌고 왔당께요. 정치보위부로 간다고 하더구만요.

모래사장에서 심문을 받으셨어라. 공산책이 가장 우두머리였는디 '이 사람은 특별히 닭으로 말하자면 어미닭이다. 새끼를 많이 깠기 때문에 처형해야 한다'고 했으요. 심문이 끝난 뒤 몽둥이로 사람을 때려 죽였당께요. 워메, 다들 소리를 지르고 난리가 나 버렸는디 문 전도사님은 때리다가 안 되니께 총을 쏴서 총탄 한 발에 돌아가셨어라.

그날 끌려간 사람들 중에 다 돌아가시고 백정희 전도사님과 지만 개오 살아남았어요. 별것도 아니니까 우리는 살려 준 거겠지라. 문 전도사님은 돌아가시면서도 '나는 이제 가더라도 우리 백정희 전도사를 비롯한 모든 교인들은 손대지 말고 잘 살펴서 살려 달라'는 말씀을

문준경 전도사는 잔혹한 공산당들에게 '새끼를 많이 깐 씨암탉'이라는
조롱을 받으며 기꺼이 죽음의 길을 걸어갔다. 그들을 용서하면서,
백정희 전도사와 교인들을 살려 달라고 애원하면서,
하나님께 자신의 영혼을 맡기면서…….

공산당들에게 하셨당께요. 지도 그때는 그야말로 '아, 이제 죽는구나. 하나님 나라로 가는 구나' 그렇게 생각했었제."

공산당들에게 잡히기 전 그 위험한 상황 속에서 마을 이 집 저 집을 돌아다니며 소식을 전하던 문준경 전도사를 마지막으로 만난 사람이 있다. 증동리교회 임진덕 권사다.

"문 전도사님이 순교하시던 날 겁나게 무서워 밤새 한잠도 못 잤지라. 그날 밤중에 집 앞에서 우연히 문 전도사님을 만났는디 무서우니께 아이들 데리고 싸게 집으로 드가라꼬 하셨당께요. 그라고서는 어디론가 바삐 가셨제. 지는 무서버서 얼른 들어왔지라."

10월 5일 새벽 2시. 증동리 앞 백사장은 살벌한 죽음의 기운만이 감도는 암흑천지요 무법천지였다. 광기와 독기만 남은 공산당들은 끌고 온 양민들을 한 사람 한 사람 몽둥이로 때리고 죽창으로 찔러 죽였다. 드디어 문준경 전도사의 차례가 되었다. 그들은 문 전도사를 향해 '새끼를 많이 깐 씨암탉'이라고 놀려 대면서 몽둥이로 때리고 죽창으로 찌르기 시작했다. 그 와중에도 문 전도사는 그들에게 백정희 전도사와 교인들만은 해치지 말아 달라고 통사정을 했다. 그러는 사이 그들 중 한 명이 총구를 들이대고 방아쇠를 당겼다. 별빛도 그 빛을 잃고 기러기도 그 울음을 잃어버린 고요한 새벽, 적막을 깨뜨리는 한 방의 총소리는 역사의 휘장을 가르듯 그렇게 삶과 죽음을 가르며 허공 속으로 사라져 갔다.

"하나님 아부지시여! 내 영혼을 받아 주시오!"

문준경 전도사는 이 마지막 말을 남긴 채 평소 흠모하던 스데반 집사처럼, 신앙의 거울로 삼던 사도 바울이 걸어간 그 거룩한 길을 따라 하나님 품으로 영원한 안식의 길을 떠났다. 이때가 그녀의 나이 만 59세, 우리 나이로 60세였다.

문준경 전도사가 보여 준 의연하고 장엄한 순교의 모습은 얼핏 예수 그리스도가 고난 당하고 십자가에 달리시던 모습을 연상케 한다.

문준경 전도사는 마음만 먹었다면 쓰디쓴 죽음의 잔을 마시지 않을 수도 있었는데, 그렇게 하지 않았다. 그날 밤 목포에서 증도로 들어오지 않았더라면, 이성봉 목사의 만류와 권고를 따랐더라면, 조금만 더 참았다가 국군과 함께 들어갔더라면…….

예수 그리스도가 로마 병정들에게 잡히시던 날 밤. 예수 그리스도가 결심만 하셨더라면 제자들의 호위를 받으며 그 위험한 상황에서 피할 수 있었을 것이다. 잠시만, 아주 잠깐 동안만이라도. 그러나 예수 그리스도는 그렇게 하지 않으셨다.

문준경 전도사는 잔혹한 공산당들에게 '새끼를 많이 깐 씨암탉'이라는 조롱을 받으며 기꺼이 죽음의 길을 걸어갔다. 그들을 용서하면서, 백정희 전도사와 교인들을 살려 달라고 애원하면서, 하나님께 자신의 영혼을 맡기면서…….

예수 그리스도가 십자가에 달리실 때 로마 병정들은 십자가에 '유대인의 왕'이라는 패를 걸어 두고 조롱하였다. 하지만 예수 그리스도는 그들을 불쌍히 여기시고 그들의 죄를 용서해 달라고 기도하시면서 하나님께 영혼을 맡긴 채 다 이루었다 말씀하시고 돌아가셨다.

그녀의 삶은 고독했으나 마지막 가는 길은 고독하지 않았다. 일생

동안 자신의 몸과 영혼을 다 바친 거룩한 순교자의 길에 하늘의 천군 천사들이 모두 나와 영접했을 것이고, 스데반 집사와 사도 바울도 나와 반가이 맞았을 게 분명하며, 예수 그리스도께서 친히 나와 영접하시며 기쁨으로 맞아 주셨을 게 틀림없기 때문이다.

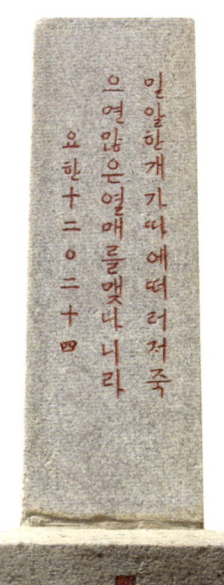

증동리교회 입구 오른쪽에 세워진 순교비. 1951년 8월 기독교대한성결교회 호남지방회에서 건립했다.
"밀알 한 개가 따에 떠러저 죽으면 많은 열매를 맺나니라." 요한복음 12장 24절 말씀이 붉은색 글자로 또렷이 새겨져 있다.

공산당에 의해 생매장 당한 48명의 순교자

　문준경 전도사가 증동리교회를 시작으로 증도에 여러 교회와 기도처를 세우고 다른 섬들을 돌며 복음을 전할 때 임자도에 맨 처음 개척했던 진리교회는 해방 후 초대 장로가 된 이판일 장로를 중심으로 하루가 다르게 튼튼히 성장하고 있었다.

　그동안 진리교회에는 양석봉 전도사, 김신근 전도사를 거쳐 이봉성 전도사가 부임하였다. 이봉성 전도사는 훗날 한국기독교총연합회 총무를 지내다가 2001년 소천하신 교단 원로로, 당시 문준경 전도사 밑에서 가르침을 받아 경성성서학원에 진학했던 젊은 목회자였다.

　6·25 사변이 터지기 한 해 전 이판일 장로는 목포에 분가해 살고 있던 큰아들과 함께 살 계획을 가지고 동생 가족과 이사할 준비를 하고 있었다. 진리교회는 새로 부임한 젊은 전도사가 열정적으로 목회를 하고 있으니 목포로 나가 살아도 괜찮으려니 생각했다.

　그런데 이 소식을 전해 들은 교인들이 이판일 장로 집으로 몰려와 눈물로 만류하기 시작했다. '두 분이 이사를 가시면 우리는 누굴 의지하며 사느냐'면서 매일같이 찾아와 제발 가지 말라고 붙잡았다. 정 떠

임자도 진리교회 앞마당에 세워진 '48인 순교기념탑'.
석 달에 걸친 공산 치하에서 이판일 장로와 그 가족 12명을 비롯하여 교우 48명이 칼과 창에 찔려 쓰러지고, 더러는 손발이 묶여 바닷물에 던져졌으며, 갯벌 백사장 구덩이에 생매장되었다.

나려면 교회까지 아예 배에 싣고 가라고 우겨 대는 사람도 있었다.

자신의 일보다는 하나님의 일을 더 중시하던 이판일 장로는 결국 교인들의 간청을 뿌리치지 못하고 이사를 포기한 채 임자도에 남게 된다.

6·25 사변이 터지자 임자도에도 공산당이 들어왔다. 그들은 곧바로 교회 간판을 떼어 땅바닥에 내동댕이치면서 예배당 출입을 금지시켰다. 이판일 장로와 이판성 집사는 교회를 위해 눈물로 기도하면서 이들의 눈을 피해 몰래 모여 은밀하게 예배를 드렸다.

교인들이 밀실에 모여 예배를 드린다는 첩보를 입수한 공산당들은 예배 시간에 갑자기 들이닥쳐 이판일 장로와 이판성 집사를 체포하여 목포 정치보위부로 압송하였다. 그러나 이들을 심문하게 된 책임자가 묘하게도 안식교 신자였다. 그는 이판일 장로를 알아보고 원래 예배는 토요일에 드리는 거라고 훈계를 하더니만 순순히 두 사람을 풀어 주었다.

이판일 장로와 이판성 집사는 목포에 있는 큰아들 집에 며칠 묵었다가 다시 임자도로 들어갈 결심을 한다. 큰아들 이인재는 온 힘을 다해 두 분을 가지 못하도록 말렸다.

"설사 내가 돌아가 화를 당한다 해도 주를 위한 것이라면 영광이 있을 탱께 머땀시 주저할 것이냐. 내는 이미 오래 전부터 순교를 소원했었고 시방도 그 마음에는 변함이 없당께."

이 말을 남긴 채 이판일 장로와 이판성 집사는 조금도 흔들림 없이 임자도로 향했다.

1950년 10월 4일 밤, 진리교회 성도들이 몰래 밀실에 모여 예배를 드리고 있었다. 다시 임자도로 돌아온 이판일 장로가 예배를 소집했던 것이다. 이판일 장로는 뭔가 예감이라도 한듯 이날 거룩한 순교에 대해 설교를 했다. 이때 총과 몽둥이, 죽창을 든 공산당들이 들이닥쳤다. 이들은 교인들을 모두 밖으로 끌어내 무릎을 꿇게 하고 큰 소리로 외쳤다.

"이 악질 반동 새끼들! 오늘 한 놈도 남김없이 다 죽여 버리겠어. 하지만 죽기 전에 마지막으로 딱 한 번 살 기회를 주지. 너희 중에 이제 예수를 믿지 않겠다고 결심한 사람 있으면 손들고 나와라. 그러면 그 사람은 죽이지 않고 돌려보내겠다. 자, 시간 없다. 빨리 나와!"

한 사람도 손들고 앞으로 나가는 사람이 없었다. 손만 들면 살 수 있었는데도.

그날 밤 일을 이판일 장로의 큰아들인 이인재 원로목사는 꿈에서도 결코 잊을 수 없었다. 몇 년 전 하나님의 부르심을 받기에 앞서 그는 이렇게 그날을 회고했다.

"우리 식구들 열세 명이 10월 5일 새벽 한날한시에 전부 죽었어요. 온 가족이 사형장으로 끌려가는디 아버님이 연로하신 할머니를 업고 가셨지라. 돌아가시기 전에 아버님이 '이 사람들이 아무것도 모르고 이런 짓을 하고 있응께 주님께서 용서해 달라'고 기도하셨당께요.

바로 이웃에 살던 좌익 청년이 몽둥이로 아버님 머리를 사정없이 때려서 고만 돌아가셨지라. 그날 밤 모래사장에 갖다 버린 시체가 수백 명은 됐을 것이오. 죽창으로 찌르고 몽둥이로 때려서 생매장을 했응께 나중에 얼굴을 봐도 분간할 수 없을 정도였어라.

냉중에 부락에 들어가닝께 개미 새끼 한 마리 없이 조용했어요. 한참 있다가 마을 사람을 만나 '우리 식구 다 어디 있냐?'고 물었더니 지 손을 붙잡고 울기만 하는 것이라. 집에 가니까 우리 살림이 아니더라닝께. 막 다 가져가고 이미 다른 사람이 살고 있었어라. 시방도 그때 생각만 허믄 가슴이 턱 막혀불제. 화가 확 치밀어 오르더라닝께요.

그 상황에서 지가 죽느냐 사느냐를 고민했당께요. '나가 시방 죽으면 부모 형제 따라가는 것이고 살면 집안을 잇는 것이다' 이렇게 생각했어라. 그때 어디선가 아버님 음성이 들리는디 '사랑하는 아들아, 원수를 사랑으로 갚아라' 하시더라닝께요. 거기서 새 힘을 얻었어라."

그날 밤 예수를 믿는다는 죄로 순교당한 사람들은 모두 48명이었는데, 그중 13명이 이판일 장로와 이판성 집사 가족들이었다. 목포에 나가 있던 이인재 원로목사만 살아남았고 온 가족이 순교당한 사건이다. 순교 역사상 유례를 찾기 힘든 처참한 일이었다.

순교당한 가족들 중에는 78세 되신 이판일 장로의 어머니도 있었고 여덟 살밖에 되지 않은 어린아이 이완순도 있었다. 어둠이 깊게 드리운 새벽, 늙은 어머니를 등에 업고 어린 손녀를 앞세워 죽으러 가는 그 고난의 길이 어떤 길이었을지는 도대체 어림짐작조차 되지 않는다. 십자가를 지고 골고다 언덕을 걸어가신 주님의 길이 바로 그 길이었을까…….

여기서 또 하나의 기적이 일어난다. 순교의 기적을 뛰어넘는 용서의 기적이었다. 그것은 정말 인간으로서는 도저히 할 수 없는 기적 같은 사랑이었다.

임자도에서 일어난 이판일 장로 가족 13명을 포함한 48명의 순국 사건을 수습하기 위해 해군부대가 섬으로 진입해 올 때, 해군은 참관인으로 이인재 목사를 동행하도록 했다. 반나절 정도 섬을 수색해 좌익들을 색출하는데, 이인재 목사의 손을 통해 태극 마크가 박힌 완장을 차는 사람은 살게 되고 그 외의 사람들은 처형을 당하는, 생사가 달린 숨 막히는 순간이었다. 당시 마을 사람들과 교인들에게 해를 가했던 좌익들은 이제 자신들은 죽은 목숨이라 생각하고 모두 자포자기 했다. 그런데 이인재 목사가 이들을 전부 용서한 것이다.

정태기 목사는 이것이야말로 진정한 부흥의 역사라고 평가했다.

"1959년에 임자도로 이사를 갔는데, 좀 깨인 사람들은 다 진리교회를 다니더군요. 이미 상당히 불이 붙어 있던 때입니다. 순교로 인해 믿는 사람들 씨가 말랐었는데, 만일 그때 이인재 목사님이 이들에게 보복을 했더라면 진리교회는 부흥되지 않았을 겁니다. 이인재 목사님이 보복하지 않고 원수를 끌어안았기 때문에 교회의 부흥이 이루어질 수 있었습니다."

그 후 이인재 목사는 1954년 신학교에 진학해서 목사가 되었고, 아버지가 개척했던 진리교회에 부임하여 아버지를 대신해 교회와 성도들을 섬기다 은퇴하였다. 그리고 아버지를 죽인 마을 청년을 용서하고 그 사람의 아들을 직접 가르쳐 중매까지 서서 장가를 보냈는데, 나중에 이 사람은 열심히 예수를 믿어 장로가 됐다고 한다.

고 손양원 목사는 좌익 학생들에 의해 두 아들을 잃은 뒤 아들을 죽인 학생을 용서하고 양아들로 삼았다고 하는데, 이인재 원로목사는 온 가족 13명을 처참하게 생매장해 죽인 사람을 용서하고 그 아들까지 사랑으로 돌봤다고 하니, 만약 '사랑의 핵폭탄'이란 게 있다면 바로 이런 것이 아닐까.

김구 선생 장례식 때보다
더 많이 모인 사람들

증동리 백사장에서 순교당한 문준경 전도사의 시신을 처음으로 수습한 사람은 얼마 전 세상을 떠난 증동리교회 박복엽 권사였다. 사람들은 무서워서 아무도 갈 생각을 못하고 그저 빨리 이 살벌한 세상이 바뀌기만 기다리고 있었는데, 젊은 여자가 겁도 없이 나선 것이다.

"지는 주일학교 때부텀 문 전도사님을 따라댕겼지라. 친어머니처럼 지를 사랑해 주시고 길러 주신 분이시구만잉. 그래 죽음을 각오하고 시신이라도 거둬야 한다는 생각에 가서 시신을 거뒀당께요. 어른들이 많이 말렸지요. 마침 하나님께서 지혜를 주셔서 바구니 하나 들고 들에 나가는 것 맹키로 돌아서 내려가 보니께 머리에서 피가 흐르고 온몸이 피투성이였지라. 버선까지 피에 젖었당께. 옷과 살이 붙어 옷을 벗길 수가 없어 가지고 개오 칼로 찢어서 벗겼어라. 시방 생각해도 아쉬운 것은, 이성봉 목사님께서 가지 말라고 말렸는디 그 말씀을 들었으면 그리 돌아가시지 않았을 것을…….

어렸을 때는 당신 잡수시는 것은 지를 다 먹이신 후에 드셨어요. 문선생님 무릎에 앉아 찬송을 배우고 그랬제. 그때 배운 찬송들 시방도 귀에 생생하당께. 그랑께 죽으면 죽으리라 시신을 옮기러 갔지라. 그 많은 시신들을 다 살펴서 문 전도사님 시신을 찾아냈당께요. 아조 겁나게 많이 죽었어라. 시방도 눈물이 나는 것은, 우리를 살리기 위해 우리 대신 당신이 순교하시고 우리를 살리셨는디 하늘나라에서 보셨을 때 시신을 보시면 올매나 가심이 아프셨을 거요. 생각하면 그 은혜를 어찌 다 갚겠능게라?

참말로 나가 머리털이라도 빼서 봉양하려고 했는디 돌아가셔서…… 시방 하나님 우편에 앉아 계셔서 이 시간도 내려다보고 계실 텐디…… '선상님, 지가 선상님 은혜 못다 갚았습니다!' 냉중에 죽어서 하늘나라에 가서 이런 말이라도 하겠당께요."

박복엽 권사가 위험을 무릅쓰고 시신을 수습한 뒤 이를 다시 옮겨 가매장을 해서 묘소를 만든 것은 이만신 원로목사의 어머니 조동례 권사와 백정희 전도사였다.

졸지에 어머니 같은 문준경 전도사를 하늘나라로 떠나보낸 백정희 전도사는 눈물로 하루하루를 보냈다. 그리고 이후 3년 동안 하얀 소복을 입고 고인을 애도하면서 새벽기도회를 마치면 눈이 오나 비가 오나 하루도 빠짐없이 문 전도사 묘소에 가서 기도를 드렸다고 한다. 아마 친딸이라 해도 이토록 효성을 다하기는 어려웠을 것이다.

백정희 전도사는 문준경 전도사를 대신해 여러 섬마을을 찾아다니며 복음을 전했고, 임자도에서 배를 타고 들어가는 재원교회에서 은퇴할 때까지 목회를 했다. 은퇴 후에는 퇴임 여교역자들을 위해 마련한 대전 성락원에서 생활하면서 문 전도사 곁으로 떠나기 전까지 매년

문준경 전도사 묘소 옆에서 소복 입은 여인들이 모여 추모 예배를 드리는 장면.
나중에 교인들이 "날 사랑하시던 선생님 어디 갔나……" 하고
이어지는 '추모가'를 지어 불렀다니 증도 사람들이
문 전도사를 얼마나 사랑하고 존경했는지를 잘 알 수 있다.

10월 5일이면 문 전도사를 추모하며 하루 종일 금식을 했다고 한다.

1951년 2월 2일, 아직 전쟁이 끝나지 않은 상태였지만 고 문준경 전도사의 회갑일을 맞아 호남지방회에서는 증동리 백사장 순교 현장에서 문 전도사의 장례식을 치르기로 하였다. 증동리교회에서는 온 정성을 모아 소도 잡고 전도 부치고 떡도 만들었다. 살아 계실 때 생일이라고 마음 편히 따뜻한 밥에 국 한 그릇 드실 기회가 없던 분이 돌아가셔서야 비로소 호강을 누리게 된 셈이었다.

당시 장례식장에서 정씨 문중 선산까지 관을 옮길 때 이를 보기 위해 모여든 사람들로 증동리는 인산인해를 이루었다. 장례식에 참석한 사람들을 위해 마련한 도시락만 1,000개나 됐다고 한다. 문 전도사는 평소 '내가 죽거든 정씨 문중 선산 한 귀퉁이에라도 묻어 달라'는 말을 자주 했다. 그토록 모진 세월 멸시당하고 고생만 했던 시댁이 뭐가 좋다고 거기 묻히고 싶어 했을까.

그러나 정씨 문중에서는 '우리 가문에 시집와서 고생만 하다 가면서도 우리를 원망하지 않았을 뿐 아니라 우리 일가친척을 모두 예수 믿게 만든 은인이니 한 귀퉁이가 아니라 선산 중앙에 모셔야 한다'고 해서 정씨 문중 선산 중앙에 묘소를 마련하게 되었다. 이 역시 돌아가시고 난 다음에야 시댁에서 제 대접을 받게 된 셈이었다.

그때 장례식 광경을 고 김두학 장로는 이렇게 기억하고 있었다.

"하도 사람들이 많이 모여서 김구 선생님 돌아가셨을 때보다 더 많이 모였다고들 했당께요. 장례식 사진도 아마 증동리교회 뒤편 순교기념관에 있을 것이오. 그날 사람들이 그렇게 많이 모인 이유는 그분이 순교하셨기 때문이랑께요. 글고 그분을 전부 자기 어무이, 할매라고 생각했기 땜시 다들 모인 것이제. 그 뒤 병풍리에 문 전도사님 순교기념 예배당을 세웠지라."

1951년 여름 증동리교회 앞마당에는 순교 이후 처음으로 고 문준경 전도사 순교기념비가 세워졌고, 억울하게 죽어 간 사람이 많았던 병풍도에는 순교기념 예배당이 세워졌다.

1983년 고 문준경 전도사 33회 추모일을 맞아 성도들이 지어 부른 '추모가'에는 증도 사람들이 고 문준경 전도사를 얼마나 사랑하고 존경하는지 그 마음이 고스란히 담겨 있다.

"날 사랑하시던 선생님 어디 갔나. 영광의 십자가 지시고 천당 가셨네. 온 세상이 쓸쓸하고 재미없구나. 나 어서 천당에 올라가 문 전도사 만나리."

한편 이판일 장로 일가족 13명을 포함해 교인 48명이 집단 순교를 당한 임자도 진리교회 앞마당에는 1990년 9월 뒤늦게 '48인 순교기념탑'이 세워졌다.

"여기 한국 남단 서해고도 임자면 진리. 평화롭던 이 마을에도 북한 정권의 6·25 남침으로 혹독한 박해의 파도는 여지없이 밀어닥쳤다. 섬마을 복음화를 위하여 세워진 진리교회의 충성된 성도들은 공산 정권의 유혹과 핍박 속에서도 주님의 신실한 약속 곧 내세의 소망을 확신하고 더욱 믿음을 굳게 지켰다. 석 달에 걸친 공산 치하에서 이판일 장로와 그 가족 12명을 비롯하여 교우 48명이 붙잡혀 칼과 창에 찔려 쓰러지고 더러는 손발이 묶여 바닷물에 던지우고 총에 맞고 혹은 갯벌 백사장 구덩이에 생매장되었다. 교단은 이 장한 성결가족의 순교신앙을 추모하며 이를 기리기 위하여 이 탑을 세워 만대에 전한다."

중앙에 커다란 십자가를 중심으로 주변에 작은 네 개의 십자가가 받치고 선 탑 주변에는 푸조나무와 후박나무가 이국적인 풍경을 연출하며 자라고 있다. 탑 양쪽 옆면에는 순교자 48명의 이름이 한쪽에 24명씩 나란히 적혀 있어 보는 사람들의 마음을 숙연하게 한다.

실제로 48명이 생매장 당했다는 현장은 아무런 표식도 없이 황량하게 방치되어 있었다. 진리교회에서 대광해수욕장으로 가다 보면 장포방앗간 지나 개울 옆 넓은 밭 한가운데 덩그러니 소나무 10여 그루가 심겨진 동산 같은 땅이 있다. 그곳이 바로 48명의 순교 현장이다. 아마 지금이라도 이곳 땅을 파내려 가면 엄청난 양의 유골들이 발굴될 것이다.

길을 안내한 진리교회 김성수 장로는 속삭이듯 이렇게 말했다.

"신앙을 지키다가 순교하신 조상과 선배들의 숭고한 피가 묻힌 이런 현장을 잘 보존하고 가꿔야 하는데 시골 섬마을 작은 교회가 무슨 예산이 있어 그런 일을 하겠습니까? 땅 주인은 교회에서 사겠다고만 하면 판다고 하는데…… 안타깝죠. 매일 이 길을 지나면서 쳐다보면 죄스럽기도 하고 그래요."

신안 섬마을의
테레사 수녀

문준경 전도사는 오늘날 목회자들에게 목회란 무엇인가를 몸으로, 삶으로 보여 준 분이며, 이 시대 각 분야 리더들에게 진정한 섬김의 리더십이 무엇인지를 실천과 행동으로 가르쳐 준 분이다. 목회나 리더십은 이론이 아니라 삶이며 실천이다.

문준경 전도사를 자신의 영적 멘토라고 고백한 고 김준곤 목사(한국대학생선교회 명예총재)는 그녀의 목회를 대신거지목회, 종합병원목회라고 불렀으며, 그녀가 개척한 교회를 온 마을의 목민센터라고 표현했다.

"어렸을 때 문 전도사님이 우리 집에 자주 오셨어요. 그분 남편이 우리 아버지하고 외사촌 관계라 아주 가까운 친척이셨기 때문에 제가 아주머니라고 불렀죠. 그때 학교에서 소크라테스, 공자, 예수, 석가모니는 세계 4대 성인이라고 배웠는데, 문 전도사님이 오시면 예수님은 하나님이라고 말씀하셨어요. 그래서 저는 속으로 '저건 잘못이다' 이렇게 생각했죠.

제가 1948년에 문 전도사님 교회에서 요양을 겸해 한 3개월 정도 있었어요. 합동신학대학원대학교 명예총장인 신복윤 목사가 동창이

유채꽃이 만발한 장고리교회 전경. 우전리와 증동리 사이 언덕 위에 있는 장고리교회는
진달래, 개나리, 벚꽃, 유채꽃 등 온통 꽃밭으로 둘러싸인 교회다.
예배당 안에는 "나는 날마다 죽노라"라는 결연한 구호가 걸려 있다.

라 함께 갔었어요. 당시 문 전도사님이 교회를 지어 설교하고 복음을 전하시더라고요. 집에 가 보니까 길에 버려진 여자들 서넛이 있었어요. 귀신 들린 여자나 대소변을 가리지 못하는 여자들이더군요.

새벽기도회가 끝나면 심방을 가시는데 제가 몇 번 따라가 봤어요. 보따리가 있는데 그 안에 목회에 필요한 주소록, 각 가정에 관한 신상명세와 인적사항, 잘사는 집과 못사는 집에 대한 자세한 내용들이 다 적혀 있더라고요. 좀 잘사는 집 여자들을 보면 '자네 음식 아껴 놔야 돼' 하고 말씀하셨어요. 이렇게 제삿집, 잔칫집에서 음식을 얻어다가 못사는 집을 찾아다니며 나눠 주셨어요. 대신 거지 노릇을 하며 동냥을 하신 거예요. 참 존경받는 분이셨죠.

병든 사람에게 다 기도를 해주셨는데 지금도 잊을 수 없는, 제 생애 참 많은 감동을 준 기도가 있습니다. '이 자매는, 이 청년은, 이 사람은, 돈도 없고 약도 없고 의사도 없습니다. 그러니까 하나님께서 직접 고쳐 주십시오!' 이렇게 기도하셨어요. 그러면 병이 나아요. 약은 학교를 함께 다녔던 교역자들에게 일일이 편지를 써서 조금씩 보내 달라고 해가지고 그걸 모아 나눠 주셨지요.

병원도 약방도 없는 섬에서 그분은 유일한 의사요, 약사였습니다. 불효자식들에게는 따끔하게 야단을 치고, 부부싸움 한 집에 가서는 화해시켜 주고 모든 걸 다 돌봐 주는 선한 목자셨어요. 그분의 교회는 목민센터였습니다. 믿는 사람 안 믿는 사람 가리지를 않았어요. 그걸 보고 저는 '아, 목회자란 저래야 한다' 이렇게 생각했습니다.

한국 교회의 70퍼센트 정도가 자립을 못하고 있는데, 전부 이렇게

만 목회를 한다면 다 뒤집어질 겁니다. 예수 믿는 사람은 안에 있는 양이고, 안 믿는 사람들은 밖에 있는 양입니다. 종합적인 리더십을 가진 분이셨어요. 내 생애 최초 최대의 임팩트를 주신 분입니다. 테레사 성녀라고 할 만한 분입니다.

신학생들, 목회자들이 큰 교회 부목사만 하려 들지 말고 바로 이런 일을 해야 합니다. 어릴 때 우리 동네에 예수 믿는 사람이 없었어요. 지금은 예수 믿는 사람이 63퍼센트입니다. 이게 다 문 전도사님 덕분이죠. 제 아내도 그때 순교했어요. 교회의 씨앗은 다름 아닌 순교의 피입니다."

김준곤 목사 자신도 6·25 사변 당시 고향인 신안군 지도면에서 좌익들에 의해 아버지와 초등학교 교사였던 아내를 잃었으나 그들을 용서했던 분이다. 시간이 흘러 학살의 주범들이 체포되자 유가족들이 그들을 처형하자고 했으나 김준곤 목사는 그들을 용서했고 탄원서까지 써 줬다고 한다. 나중에 이 사람들이 다 예수를 믿고 어떤 사람은 장로가 되기도 했다니, 김준곤 목사야말로 누구보다 순교의 피가 가진 의미에 대해 잘 알고 있는 분이다.

신복윤 목사도 비슷한 말을 했다.

"김준곤 목사가 여름방학 때 문 전도사님에게 내려가 지도도 받고 요양도 하자고 해서 증도에 내려가 한 달 동안 있었어요. 그때 많은 감명을 받았지요. 아주 유능한 전도사님이다, 대단한 여성 지도자다, 그런 생각을 했어요. 마을 사람들을 다 지도하고 도와주고 복음을 전하는 열정이 참 대단하셨죠. 섬에 이런 분이 계시다니 아깝다는 생각도 들었어요."

좀 더 자세히 곁에서 지켜본 고 김두학 장로의 증언도 예사롭지 않다.

"문 전도사님은 여러 사람들이 모인 곳이라믄 어디든 가셔서 우울증에 걸린 사람도 웃게 맹글고, 어린애 산고가 있는 사람은 순산하게 맹글고, 병으로 신음하는 사람에게 가서는 위로받게 하는, 그런 은사를 가지고 계셨어라. '저분은 참 특별한 분이다. 하늘에서 낸 사람이다. 천사다.' 이렇게 소문이 났었당께요. 그분은 늘 본이 되는 일만 하셨어라. 그때는 그저 재미없이 사는 사람들이 많았는디 그런 사람에게 찾아가 재미나게 흥미를 돋구셨제."

여러 증언들을 종합해 보면 왜 그렇게 문준경 전도사가 지금까지 중도는 물론 온 신안 일대 사람들과 그를 아는 많은 이들에게 존경과 사랑을 한 몸에 받고 있는지 알 수 있다. 문준경 전도사는 기다리는 목회가 아니라 찾아가는 목회를 했으며, 받는 리더십이 아니라 모든 것을 다 내주는 리더십을 보여 주었고, 시스템이나 프로그램에 의지한 게 아니라 순교의 영성으로 영혼 구원을 위해 생명을 건 목회를 했던 것이다.

무엇보다 문준경 전도사는 사람을 있는 그대로의 모습으로 사랑했다. 예수 그리스도가 이 땅에 오셔서 수많은 과부와 고아들, 헐벗고 굶주린 사람들, 못 배우고 천한 사람들을 사랑하며 그들을 위해 눈물 흘리셨던 것처럼 문준경 전도사도 그들과 함께 먹고 마시고 자며 삶을 나누었던 것이다. 이것이 바로 대신거지목회, 종합병원목회였다.

화도교회 최인식 목사는 '꽃섬'에 잘 어울리는 시인이다.
그의 시에 화도를 '난초가 피어나는 섬' '그리움이 파도치는 섬'이라 표현했다.
블로그 '화도 이야기'를 운영하면서 아름다운 화도에 관한 글과 사진을
섬 바깥 사람들에게 전하고 있다.

이것이 바로 문준경 전도사가 개척한 목민센터교회였다.

그래서 많은 사람들이 그녀를 선생님이라고 불렀으며, 그녀는 섬마을의 어머니가 될 수 있었다. 모든 사람들의 영원한 어머니, 그녀는 신안 섬마을의 테레사 수녀였다.

문준경 전도사의 삶과 그 발자취가 남긴 의미에 대해 정태기 목사는 부드러우면서도 거침없이 이렇게 말했다. 마치 늘 머릿속에 외워 두었던 말을 꺼내는 것처럼.

"문 전도사님을 보면 탁 빛이 납니다. 영적인 힘, 생기, 카리스마 그게 느껴져요. 사람이 휘말려 듭니다. 이런 분이 애 낳는 집 애 받아 주고, 염병 걸린 사람들 찾아가서 돌봐 줬어요. 김준곤 목사님 말씀처럼 한국의 테레사 수녀였어요. 저의 모델이셨습니다. 분명한 것은, 나는 아무리 해도 그분 뒤꿈치도 따라갈 수가 없다는 겁니다. 그분은 하늘이 내린 분입니다. 그분을 만나면 변하지 않을 수가 없어요. 아무리 절망 가운데 빠진 사람이라도 그분을 만나면 소망을 갖게 되었어요. 그러니 사람들이 모여들었지요.

그 억세고 미신에 심취했던 사람들이 변해서 기도하고 예수를 믿게 되었다는 건 이거 시시하게 볼 게 절대 아닙니다. 정말 대단한 기적이에요. 목숨 내걸고 한 일입니다. 문준경 전도사님은 1950년 10월에 세상을 떴는데, 그 후로 믿는 사람이나 안 믿는 사람이나 모든 섬사람들 마음에 깊이 박혀 버린 겁니다. 그분은 한 번도 돌아가신 적이 없습니다. 오히려 더 살아서 역사한 셈이죠. 그게 바로 오늘날 교회를 이렇게 만든 겁니다. 예수님이 돌아가셨거든요. 그런데 십자가에 달리신 후에 예수 믿는 사람들에 의해 기독교가 이렇게 전파된 것과 똑같은 겁니다. 그게 바로 순교가 남긴 부활의 의미입니다."

증도에서 가장 외진 곳에 있는 염산교회. 신안해저유물발굴기념비에서 오른쪽 산으로 이어진 해안도로를 따라 마을 끝까지 들어가면 염산이라는 마을이 나온다. 이곳까지 교회가 세워질 수 있었던 것은 문준경 전도사의 순교 신앙 덕분이었다.

죽어서 다시 살아난 증도의 어머니

"내가 진실로 진실로 너희에게 이르노니 한 알의 밀이 땅에 떨어져 죽지 아니하면 한 알 그대로 있고 죽으면 많은 열매를 맺느니라."

문준경 전도사는 죽어서 한 알의 밀이 되어 많은 열매를 거둔 분이다. 대부분의 사람들이 죽어서 많은 열매를 거두기는커녕 한 알 그대로 있는 것도 모자라 썩어 부패해서 다른 밀알까지도 썩게 만드는 일이 허다한 세상이라 문준경 전도사의 존재는 더욱 빛이 난다.

그러나 한국 교회는 문준경 전도사의 순교와 열매를 거의 잊고 지내 왔으며, 남성 목회자들의 순교와 열매에 비해 지나치게 소홀히 취급되어 왔음을 부인할 수 없다. 평양대부흥운동 100주년의 진정한 정신을 되살리고 한국 성결교회 탄생 100주년의 소중한 의미를 되새기는 일은 바로 이런 분의 뜨거운 순교 정신을 기리고 본받는 일일 것이다.

한국 교회는 지금 위기를 맞고 있다. 신도 수가 줄어서가 아니다. 교회 숫자가 적어서가 아니다. 시스템과 프로그램이 부족해서가 아니다. 재정과 예산이 모자라서가 아니다. 100년 전 우리 신앙의 선배들이 이 땅에 뿌렸던 그 뜨거운 피의 의미를 잃어버렸기 때문이다. 목숨을 던져, 생명을 바쳐 지켜 온 신앙의 순결을 잃어버렸기 때문이다. 모든 것을 다 버림으로써 얻고, 죽어서 썩어짐으로써 다시 살아나는 부활의 신앙을 잃어버렸기 때문이다.

죽어야 산다. 모두 죽어야 한다. 한국 교회가 죽고 한국 크리스천들이 다 죽어야 한다. 철저하게 죽어야 한다. 그래야만 다시 살 수 있다. 그래야만 한국 교회가 살고, 한국 크리스천들이 살고, 우리나라가 살고, 인류가 살 수 있다. 이것이 순교이며 부활이다.

그런 의미에서 서울신학대학 주승민 교수의 메시지는 많은 것을 생각하게 한다.

"요즘 여성의 시대에 걸맞게 많은 여성 지도자들이 일어나고 있는데, 이미 1950년대에 여성 사역자로 성공적인 역할을 수행하고 순교자로 하나님께 영광을 돌린 문 전도사님 순교 사건이 일어났다는 것은 참으로 한국 교회사에 영광이라고 할 수 있습니다. 초대교회를 순교적 영성이 드러났던 시대라고 볼 수 있는데, 이때도 객관적이고 확실한 여성 순교자들이 많이 나왔습니다. 이러한 모습이 한국 교회 역사 가운데서도 문 전도사님을 통해서 드러났다는 점에서 참으로 여성 사역자의 중요성을 다시 한 번 실감하게 합니다. 한국 교회가 이렇게 기독교 강국이 될 수 있었던 것은 이러한 분들의 순교가 큰 밑받침이 되었다고 할 수 있습니다."

정태기 목사는 문준경 전도사는 혁명가라고 말했다. 그랬다. 그녀는 혁명가였다. 순교를 통해 남도의 작은 섬 증도를 천국의 섬으로 바꿔 놓은 참으로 대단한 혁명가였다.

"그분은 겁이 없는 분입니다. 그분 마음속에 두려움이란 애당초 없었습니다. 이미 죽음을 넘어선 분이었기 때문에 무엇이든지 신앙의 힘으로 해결해 나갈 수 있는 그런 분이셨어요. 그러니까 힘들다, 어렵다, 이런 게 있을 수 없었죠. 불덩어리라고 보면 될까요? 사랑덩어리였습니다. 만일 문 전도사님이 결혼해서 남편 사랑받고 애 낳고 행복하게 보통 여자들처럼 살았다면 아직도 많은 섬들에서는 미신을 믿고 예수님을 모른 채 살아가고 있을 겁니다.

이게 다 하나님의 오묘한 섭리이자 역사지요. 본인이 아픔을 당함으로써 수많은 생명을 살리신 거예요. 스데반이 죽고 나서 바울이 예수님을 만났고, 바울을 통해 기독교가 세계에 전파되었지요. 문 전도사님 영향으로 수많은 사람들이 예수를 믿고 가정이 변하고 꿈이 달라졌어요. 신앙혁명, 생활혁명, 인간혁명을 일으킨 분이에요. 그런 의미에서 문 전도사님은 혁명가입니다."

증도는 최소한 두 번은 가야 하는 섬이다. 첫 번째는 아무것도 모르고 무작정 가야 한다. 두 번째는 문준경 전도사에 대해 알고 나서 공부 좀 한 다음에 가야 한다. 이렇게 두 번을 가고 나면 가지 말라고 해도 세 번째로 증도를 찾게 된다.

무작정 증도를 처음 찾았을 때 증도는 즐거운 섬이다. 자연과 사람이 보물인 섬이다. 짱뚱어다리에서 저녁놀을 바라보거나 화도 가는 노두길에서 바다와 하늘이 만나는 풍경을 보고 있으면 누구나 시인

증도초등학교 왼편에 건립된 문준경 전도사 순교기념관.
3층 규모의 기념관은 사무실, 전시실, 예배실로 이루어져 있으며,
옆에 숙소동이 따로 마련되어 있다. 뒤로는 문준경 전도사가 기도하던 상정봉이,
앞으로는 순교 현장인 증동리 갯벌이 펼쳐져 있다.

이 된다. 짱뚱어에 놀라고 해당화와 순비기에 취하면 돌아가는 시간도 잊어버린다. 그래도 좋다. 슬로시티 증도에서 느림과 기다림을 배웠으니까.

문준경 전도사에 대해 알고 나서 다시 찾았을 때 증도는 거룩한 섬이다. 순교의 현장과 교회들이 보물인 섬이다. 증동리교회에서 마을을 한눈에 내려다보거나 순교 유적지에서 바다와 갯벌을 바라다보면 누구나 성직자가 된다. 빛과 소금의 섬에서 그녀가 걸어간 고난의 길에 뿌려진 버림과 비움의 신앙을 깨닫게 되면 도시에 두고 온 욕망과 집착을 한순간에 잃어버린다. 그래도 좋다. 증도에서 천국의 소망을 갖게 됐으니까.

즐거움과 거룩함을 다 한 번씩 느껴 본 뒤에 세 번째로 다시 찾을 때부터 증도는 즐겁기도 하면서 한없이 아름답고 거룩한 천국의 섬이다. 자전거를 타고 해안도로를 달려도 좋고, 걸어서 갯벌 끝까지 가도 좋다. 봄에는 봄이라서 좋고, 겨울에는 겨울이라서 좋다. 모래도, 꽃도, 짱뚱어도, 사람도 다 보물이다. 그리울 때 그리워하고, 기다릴 때 기다릴 줄 알고, 느긋하게 인생을 바라볼 수 있는 여유가 생겨 좋다. 이럴 때는 누구나 철학자가 된다. 증도는 삶을 가르쳐 주는 섬이다.

"해당화 피고 지는 섬마을에/ 철새 따라 찾아온 총각 선생님/ 열아홉 살 섬 색시가 순정을 바쳐/ 사랑한 그 이름은 총각 선생님……."

증도를 처음 찾았을 때 부른 노래다. 자연스럽게 이 노래가 입에서 흘러나왔다.

"세상만사 살피니 참 헛되구나. 부귀공명장수는 바람잡이요. 고대광실 높은 집 문전옥답도 우리 한번 죽으면 일장의 춘몽/ 홍안소년미인들아 자랑치 말고 영웅호걸열사들아 뽐내지 마라. 유수 같은 세월은 널 재촉하고 저 적막한 음부는 널 기다린다……."

　요즘 증도만 가면 자동으로 입에서 튀어나오는 찬송이다. 처음엔 그냥 불렀는데, 요즘엔 가사 하나하나를 생각하며 부르게 된다. 그러면 자꾸 찬송이 느려진다. 망가진 카세트테이프 느려지듯이. 찬송이 느려지면 눈물이 난다. 그래서 증도는 또 하나의 별명을 추가한다. 눈물의 섬. 증도는 눈물의 섬이다.

제6장

섬 안의
섬
병풍도

원시미와 인심이 살아 있는
진짜 섬

임자도의 행정구역은 임자면이고 증도의 행정구역은 증도면이다. 증도면에는 증도만 있는 게 아니다. 병풍도도 있다. 증도의 멋과 맛을 온전히 느끼려면, 그리고 증도 신앙 공동체의 진면목을 제대로 살펴보려면 증도를 둘러본 다음 꼭 병풍도를 찾아야 한다. 증도대교 건설로 육지와 다를 바 없이 돼 버린 증도와 달리 병풍도는 배를 타고 가야 하는 진정한 섬이며, 가공되지 않은 원시의 아름다움과 훈훈한 섬마을 인심이 그대로 살아 있는 곳이다.

태평염전에서 만들어 놓은 솔트레스토랑을 지나 바닷가 쪽으로 직진하면 버지선착장이 나타난다. 지신개선착장에서 배를 통해 증도를 오가던 무렵 이곳은 배 시간에 맞춰 그야말로 문전성시를 이루던 곳이다. 표를 끊고 먹을 것을 사려는 사람들로 매점 또한 발 디딜 틈 없이 북적거렸다. 하지만 이제는 하루 네 차례 병풍도를 왕복하는 페리호 한 대와 낚시꾼을 실은 배 몇 척만 한가로이 오갈 뿐이다.

배를 타고 15분 정도만 가면 병풍도 보기선착장에 도착한다. 분위기부터가 증도와는 완전히 딴판이다. 잘 정돈된 태평염전과 달리 옹

색해 보이기까지 하는 작은 염전들이 여기저기 널려 있다. 자연스러운 염전의 모습을 관찰할 수 있는 곳이다. 큰길을 따라가다 오른쪽으로 난 길로 접어들면 꼬불꼬불 이어진 노두길이 보인다. 이곳이 병풍도 안의 또 다른 섬 신추도 가는 길이다. 신추도에는 염전 외에 민가가 없다. 병풍도에서 가장 먼저 민박집을 운영하기 시작한 박두월 씨는 신추염전 대표이자 신추민박집 사장이다.

다시 큰길로 나와 곧장 병풍도 중심가로 접어들어야 신추민박 간판이 눈에 띈다. 병풍도에는 엘도라도 리조트 같은 근사한 휴양시설은 물론 그 흔한 펜션이나 여관 한 곳이 없다. 아침에 왔다가 저녁 때 나가면 모르지만 하루라도 묵어가게 되면 여기서 자야 한다. 잠자리는 조금 불편해도 이 집 안주인의 음식 솜씨 하나만큼은 정말 기가 막히다. 섬 안에 식당이 따로 없으니 이 민박집이 숙소 겸 식당 역할을 하고 있다.

미리 알려 준 식사 시간에 주인집 거실로 들어서면 근사한 식탁이 차려져 있다. 도시에서는 돈 주고도 사 먹을 수 없는, 병풍도 무공해 식재료로 만든 진수성찬이다. 바닷바람을 맞고 자란 푸릇푸릇한 시금치에 막 개펄에서 채취한 감태와 꼬막, 섬의 기운을 통째로 흡수하는 것 같은 김치와 병풍도 앞바다에서 잡은 싱싱한 생선과 미역 등……. 밥상 위에 바다가 고스란히 펼쳐진 것 같은 행복한 착각에 빠지게 된다. 밥을 먹는 순간만큼은 그 어느 리조트가 부럽지 않다.

섬 이름이 병풍도가 된 것은 병풍처럼 생긴 바위들이 있기 때문이다. 병풍도에서 대기점도 가는 길을 따라가다 비닐하우스가 있는 오른쪽 길로 접어들어 10분가량 걷다 보면 긴 방파제가 나타나고 방파제 오른쪽 길로 내려가면 깎아지른 절벽 바위 전체가 기이한 모양으로 병풍처럼 둘러쳐져 있는 것을 볼 수 있다. 이 바위들이 바로 병풍바위다. 오랜 세월 파도가 들이치며 바위를 깎아 자연스럽게 병풍 모양을 만들어 낸 것 같은데, 아무리 봐도 조각을 해놓은 것처럼 일정한 간격을 따라 층층이 신비한 모양새를 하고 있다.

여름에 썰물 때가 되면 이 병풍바위 아래서 한가로이 산책을 하거나 누워서 긴 휴식을 취할 수도 있다. 날이 좋을 때는 바다 건너편에 증도대교가 바라다보인다. 밀물이 많이 들 때는 바닷물이 방파제까지 차오를 수 있기 때문에 주의해야 한다. 병풍바위 아래 떨어져 있는 돌들을 주의해서 보면 둥글둥글한 돌은 보이지 않고 직사각형으로 잘 깎인 돌들만 보인다. 파도가 석공이 되어 병풍바위의 돌들을 이런 모양으로 빚어 놓았다. 이런 직사각형 돌은 집을 짓거나 담을 쌓아 올릴 때 따로 가공할 필요도 없이 요긴하게 쓰인다. 그래서 병풍도에 있는 마을을 돌아다니면 이런 직사각형 돌을 쌓아 올려 만든 집과 담을 많이 볼 수 있다. 제주도 돌담과는 또 다른 독특한 멋과 아름다움을 주는 풍경이다.

병풍도에서 길게 뻗은 노두길을 건너 맞닥뜨리는 두 번째로 큰 섬이 대기점도다. 이 마을 이장인 오영춘 씨 집에서도 민박을 한다. 좀 더 색다른 섬의 별미를 느껴 보고자 한다면 이 집에서 묵으면 된다. 편안한 잠자리와 산해진미로 차려진 식탁은 물론 개펄에서 맛보는 훼낙지와 배를 타고 나가 무인도에서 체험하는 바다낚시를 즐길 수 있다.

한밤중 개펄에서 즐기는 횃낙지 풍경.
횃불 대신 전구로 조명을 밝혀 맨손으로 낙지를 잡지만
짜릿한 손맛만은 예나 지금이나 변함이 없다.
정신없이 낙지를 잡아 그물망에 넣다 보면
어느새 개펄 한가운데서 병풍도 사람들과
대기점도 사람들이 만나 인사를 나눈다.

병풍도 사람들은 날이 따뜻해지기 시작하면 밀물이 낮게 들어온 밤중에 개펄로 홰낙지잡이를 나간다. 야행성인 낙지들은 밀물 때에 맞춰 개펄로 들어온다. 이때 긴 장화를 신은 남자들이 개펄에 나가 횃불을 들이대면 낙지들이 납작 엎드려 있다가 발각되는 것이다. 그러면 낙지를 그냥 손으로 잡아 올려 그물망에 넣으면 그만이다. 이를 홰낙지라고 한다. 옛날에는 진짜 횃불을 들고 낙지를 잡았지만 요즘은 성능 좋은 배터리를 등에 지고 다니며 전구로 조명을 밝혀 낙지를 잡는다.

그런데 이게 말이 쉽지 처음 해보는 사람은 잘 보이지도 않고 잡기도 어렵다. 전문적인 낙지잡이꾼들은 개펄에 난 구멍만 봐도 낙지가 숨어 있는지 아닌지를 대번 알아낸다고 한다. 낙지가 숨어든 구멍에 손을 쑥 집어넣어 몇 번 휘적거리면 기다란 낙지가 꾸물대며 손끝에 딸려 나온다. 개펄에 숨은 낙지가 숨을 쉬는 작은 구멍을 '부럿'이라고 한다. 이런 식의 낙지잡이는 오랜 경험과 숙련된 기술이 있어야 한다.

"외지 사람들이 그저 무안 낙지 무안 낙지 하믄서 무안에서 잡은 낙지가 최고인 줄 알지만 사실 낙지하믄 신안 낙지지라. 병풍도 개펄에서 잡은 낙지 맛이 올매나 기막힌지 아요? 입 안에서 살살 녹는다닝께. 징허게 부드럽고 고소하고 쫄깃쫄깃 안허요? 워메 죽이제?"

오영춘 이장의 병풍도 낙지 자랑이 길게 이어졌다. 자정이 가까운 시각에 병풍도와 대기점도 사이에 놓인 노두길에는 여기저기 홰낙지잡이를 즐기는 불빛들이 별처럼 반짝거렸다. 한 마리라도 더 잡으려고 개펄을 헤매다 보면 어느새 병풍도 사람들과 대기점도 사람들이 한밤중 개펄 위에서 인사를 나누기 일쑤다.

"아따 행님, 많이 잡으셨소?"

"에이, 읎어 읎어. 그만 드가야 쓰겄다."

"워메 많이 잡으셨고마?"

"아니랑께. 개오 열 마리여."

잡은 낙지를 가지고 이장 댁으로 돌아와 즉석에서 산낙지 잔치를 벌였다. 잘 씻어 잘게 자른 낙지에 참기름을 발라 초고추장을 찍어 상추에 싸 먹는 맛은 환상적이었다. 한밤중에 사발에 밥을 넣고 낙지 비빔밥을 만들어 먹었는데도 다음 날 속이 전혀 부대끼지 않았다.

남자들이 낙지에 정신을 놓고 있을 즈음 안주인인 이진희 씨는 건넌방에서 호주에 이민 가 있는 아들 며느리 손주와 컴퓨터로 화상 통화를 하고 있었다.

"아야, 퇴근했냐?"

"밥 묵었냐?"

"워메, 할매여 할매. 안녕하시오?"

육지에서 섬으로 이어진 다리를 네 개나 건넌 다음 배를 타고 들어와 노두길을 두 개나 지나야 올 수 있는 이 외진 섬에서도 실시간으로 인터넷 화상 통화를 무료로 할 수 있는 우리나라는 정말 좋은 나라라는 생각이 드는 밤이었다.

병풍도에 세워진 순교기념교회

증도면에 있는 열한 개 교회 중 여덟 개는 증도에 있고 세 개는 병풍도에 있다. 증도에 있는 교회들이 문준경 전도사가 직접 개척했거나 기도처로 만들었던 곳이 나중에 교회로 세워진 반면 병풍도에 있는 교회들은 전부 문준경 전도사가 순교한 이후에 세워졌다. 증동리교회를 증도의 어머니 교회라고 한다면 병풍교회는 병풍도의 어머니 교회다. 병풍교회를 통해 기점교회와 소악교회가 개척되었기 때문이다.

문준경 전도사가 순교한 지 1년이 다 되어 가던 1951년 8월 호남지방회 교역자수련회가 증동리교회에서 개최되었다. 이때 문준경 전도사의 순교기념비와 순교기념교회를 세우자는 제안이 나와 논의 끝에 순교기념비는 증동리교회 앞뜰에 세우기로 하고, 순교기념교회는 6·25 사변으로 피해를 많이 당한 지역인 지도면 둔곡리와 증도면 병풍리에 세우기로 의견이 모아졌다. 그 후 몇 차례 회의를 거쳐 전쟁 중에 억울하게 죽어 간 사람들이 많고 30여 명의 미망인이 생겨나 편모슬하의 자녀들이 많았던 마을을 위로하고 도와야 한다는 뜻에서 병풍리에 먼저 문준경 전도사 순교기념교회를 설립하게 된 것이다.

아직 예배당이 마련되기도 전인 1951년 8월 호남지방회에서는 병풍도에 연고가 있는 신학생 정종옥 전도사를 섬에 파견하여 교회를 개척하게 하였다. 고모할머니가 병풍도에 살고 있었던 정종옥 전도사는 신학교를 휴학하고 내려와 마을 사람들의 동의를 얻어 한국청년회 회의실에서 교인들을 모아 예배를 드렸다. 이것이 바로 병풍교회의 시작이었다.

교회를 설립하기는 했지만 정식 예배당이 없던 어려운 시절에 당시 초신자였던 김귀례 씨가 예배당 건립을 위해 170평의 밭을 선뜻 헌납하였다. 그러나 이 밭은 마을과 멀리 떨어진 바닷가에 있는 땅이어서 교회 부지로 적합하지 않았다. 게다가 이 소식을 들은 김귀례 씨의 시동생이 형수가 교회에 밭을 헌납하는 것에 반대하고 나섰다. 그러자 김귀례 씨는 시동생을 설득하기 위해 자신의 밭과 시동생의 밭 160평을 맞바꿔서 교회에 내놓았다.

하지만 교회 부지로 가장 적합한 곳은 병풍도 전체가 내려다보이는 큰 마을 맨 위쪽에 있는 지금의 부지였다. 이 땅은 현재 광주 성산교회에 시무하는 조희철 장로의 땅이었다. 우여곡절 끝에 김귀례 씨가 헌납한 밭과 조희철 장로의 땅을 다시 교환하여 그곳에 예배당을 짓게 되었다. 호남지방회가 주축이 되어 여러 지역 교회들에 모금을 한 결과 임자도에 있는 옛날 가옥을 매입하여 이를 철거한 다음 자재들을 배로 수송하여 병풍도로 옮겨 왔다.

임자도에서 가져온 건축 자재들을 부둣가에 내려놓으면 교인들이 힘을 모아 교회 부지까지 실어 날랐다. 전쟁 통에 장정들이 많이 희생 문준경 전도사가 순교한 이듬해 병풍도에 순교기념교회가 세워졌다.
아름다운 한옥이었던 첫 번째 예배당이 오래되자 그 자리에
돌로 지은 두 번째 예배당이 건립되었다. 지금은 어린이 예배 처소와
식당으로 사용되고 있는 두 번째 예배당 모습이 참 독특하다.

되는 바람에 아이들과 여자들까지 나서서 모두 힘을 모아야 했다. 증동리에서도 통나무를 실어 왔다. 너 나 할 것 없이 한마음이 되어 흙을 퍼 나르고 벽을 바르는 등 땀을 흘린 끝에 번듯한 한옥 예배당이 병풍도에 자리하게 되었다. 마을에서 가장 높은 곳에 세워진 아름다운 한옥 예배당과 높다란 종탑은 병풍도 신앙 공동체의 상징이 되었다. 창립 예배를 드린 지 1년여 뒤인 1952년의 일이다.

1951년 8월 병풍교회가 문준경 전도사 순교기념교회로 창립 예배를 드리고 이듬해 정식으로 예배당이 건축되기 이전에 이미 병풍도에는 여러 교인들이 신앙생활을 하고 있었다. 이들이 예수를 믿게 된 것 역시 문준경 전도사를 통해서였다. 문준경 전도사는 증도대교 아래에 있는 광암나루터나 사옥도나루터에서 돛단배를 타고 수시로 병풍도와 대기점도, 소기점도, 소악도를 오가며 마을 사람들에게 복음을 전했던 것이다.

병풍교회 박향수 장로는 이를 뒷받침하는 증언을 했다.

"문 전도사님이 배를 타고 병풍도에 오셔서 전도를 하셨어라. 한번은 우연히 배에서 문 전도사님을 만났는디 이러게 물으시더라고요. 나가 병풍도에 교회를 세울라 허는디 예배당이 세워지믄 교회를 나올라느냐? 그래서 지가 그라지라 허고 대답을 해부렀제. 아마도 문 전도사님께서 병풍도에 예배당을 지을 계획을 갖고 계셨던 것 같당께요."

6·25 사변 당시 문준경 전도사가 순교하지 않았더라면 아마도 그녀는 병풍도에 계획대로 예배당을 짓고 교회를 개척했을 것이다. 그러나 그녀의 순교로 인해 병풍도에 교회를 세우는 일은 후손들의 몫으로

남겨졌고, 누구보다 그녀의 뜻을 잘 알고 있었던 후손들은 지체 없이 병풍도에 순교기념교회를 세우게 된 것이다.

병풍도의 신앙 공동체는 문준경 전도사로부터 직접 전도를 받아 예수를 믿게 되었다가 병풍교회가 세워지자 교회를 나오게 된 사람들과 이미 증도를 비롯한 타지에서 예수를 믿게 된 후 병풍도로 시집 와서 신앙생활을 하다가 병풍교회가 설립되면서 교회에 출석하게 된 사람들로 구성되었다고 할 수 있다.

병풍교회 이미례 권사는 당시를 이렇게 회상했다.

"지는 대초리가 고향인디 스물두 살 때 병풍도로 시집을 왔어라. 친정에 있을 적에 문 전도사님을 자주 뵈었제. 물레 하는 집에 가믄 전도사님이 오셔서 실컷 노래를 부르다가 나중에 전도를 하시곤 했당께요. 아따, 찬송을 겁나게 잘 부르셨제. 증동리와 대초리 교인들이 합심혀서 들로 나들이도 갔어라. 김두학 장로님허고 여자분덜이 문 전도사님이 시키는 대로 하라고 혀서 노래도 하고 장고도 치고 수건 돌리기도 했당께. 지는 대초리에서 주일핵교 때부텀 교회를 댕기다가 병풍도로 시집온 뒤로 계속 신앙생활을 했던 것이오."

함께 이야기를 듣고 있던 서은자 권사는 만감이 교차하는 표정으로 말했다.

"내는 증동리에서 병풍도로 시집을 왔당께. 그때는 증도 사람들허고 병풍도 사람들허고 혼례를 많이 치렀제. 참말로 신랑 얼굴도 한번 못 보고 시집을 왔어라. 문준경 전도사님은 치마를 둘렀응께 여자라 했제 남자도 못헌 일을 하신 분이라 안 허요. 여그저그 돌아댕기믄서

병풍도에 들어서 큰길을 따라가다가 오른쪽 언덕 위를 바라보면
병풍교회의 높은 십자가 종탑이 보인다. 워낙 좋은 자리에 우뚝 선
예배당이라 두리번거리거나 묻지 않아도 누구나 쉽게 찾을 수 있다.
현재 예배당은 1997년에 세 번째로 세워진 예배당이다.

겁나게 훌륭한 일을 많이 하셨지라. 나가 열두 살 때 친정아부지가 돌아가셨는디 문 전도사님이 안쓰러워서 그랬능가 우리 집을 자주 들여다보셨당께. 전쟁 통에 인공들이 와서 징허게 협박을 하고 난리였제. 나가 스물한 살 때 문 전도사님이 돌아가셨다는 소리를 듣고 무서워서 밖에 나가지를 못해부렀고만잉. 시집온 뒤로 남편 몰래 병풍교회를 댕겼어라."

병풍도에 들어서 큰길을 따라가다가 병풍리 오른쪽 언덕 위를 바라보면 높은 십자가 종탑이 보인다. 워낙 좋은 자리에 우뚝 선 예배당이라 두리번거리거나 묻지 않아도 누구나 쉽게 찾을 수 있다. 이 교회가 바로 병풍교회다.

병풍도는 주민 공동체가 바로 신앙 공동체다. 아직 예수를 믿지 않는 집이 있기는 하지만 마을의 모든 일은 교회를 중심으로 이루어진다. 매일 새벽 4시 30분이면 언덕 위의 예배당에서는 차임벨을 통해 찬송 소리가 우렁차게 퍼져 나온다. 얼마 전까지만 해도 종탑에 있는 종을 쳤지만 종이 너무 오래되어 위험하기 때문에 차임벨로 종소리를 대체하게 되었다. 예배당에서 울려 퍼지는 찬송 소리는 마을을 깨우는 생명의 신호와도 같다.

"병풍교회가 처음 세워졌을 당시 교인들이 열일곱에서 열여덟 명 정도였습니다. 지금은 교인들이 200명이 넘습니다. 마을 주민 전체가 거의 다 교인이라고 봐도 무방합니다. 한때는 주일학교 학생들만 200명이 넘던 적도 있었습니다. 다들 문준경 전도사님의 순교 정신을 이어받은 순교기념교회 교인이라는 자부심이 대단합니다. 문준경 전도사님의 순교 덕분에 우리 교회가 세워지고, 그분이 돌아가심으로 병풍도 신앙 공동체가 새로운 생명을 얻게 된 것은 참으로 놀라운 하나님의 은혜가 아닐 수 없습니다."

이제는 병풍도가 고향이 되어 버린 김대운 목사의 음성은 가늘게 떨리고 있었다.

날마다 죽기를 소원하는 기점교회

　병풍도에서 대기점도로 이어진 노두길은 길이가 1.8킬로미터로 우리나라에서 가장 긴 노두길이다. 안개가 짙게 낀 날은 노두길 이쪽 끝에서 저쪽 끝이 잘 보이지 않을 정도다. 노두길을 차를 타고 건널 때는 밀물 시간과 썰물 시간을 잘 유념한 뒤 맞은편에 차가 오는지 안 오는지 확인한 다음 천천히 건너야 한다. 바닷물이 자주 드나들다 보니 중간에 움푹 파인 곳이 많고 턱도 있기 때문이다. 게다가 병풍도에서 대기점도를 갈 때는 다 와 갈 무렵 속도를 완전히 줄여야 한다. 직진 도로가 없는 까닭이다. 왼쪽이나 오른쪽으로만 가야 한다. 직진하면 바로 낭떠러지라서 초행길에는 당황할 수밖에 없다.

　대기점도는 두 개의 마을로 나뉘어 있다. 노두길 끝에서 왼쪽으로 돌아가면 산기슭에 있는 마을이 남촌이고, 노두길 끝에서 오른쪽으로 이어진 길가에 보이는 마을이 북촌이다. 기점교회는 북촌에서 가장 잘 보이는 곳에 위치해 있다. 예배당 바로 앞에는 경로당이 보인다. 마을 주민 대부분이 노인이라 따로 경로당이 필요 없을 지경이 되어 버렸지만 경로당 앞에는 몇몇 어르신들이 모여 있었다.

병풍도와 대기점도를 잇는 노두길. 길이가 무려 1.8킬로미터에 이른다. 우리나라에서 가장 긴 노두길이다. 길 중간에 자리를 잡고 개펄에 들어가 낙지를 잡거나 철새들 노니는 모습을 카메라에 담다 보면 시간 가는 줄 모른다.

"으메, 이것이 뉘다냐? 은제 왔냐?"

백발의 할머니 한 분이 반색을 하며 느린 걸음으로 다가왔다. 나와 아내는 뒤를 돌아봤지만 아무도 없었다. 할머니는 거침없이 다가와 아내의 손을 덥석 잡았다.

"아니 긍게로 연락도 엄씨 이게 뭔 일이여?"

아내는 당황한 기색으로 자신이 할머니가 원하는 그 사람이 아니라고 설명을 드렸다. 한참 뒤에야 할머니는 웃음 반 아쉬움 반으로 허탈한 표정을 지으셨다. 아마도 자신의 딸이 연락도 없이 온 것으로 착각하신 듯했다. 얼마나 기쁘고 반가웠을까를 생각하면 불쑥 찾아온 우리가 오히려 죄송스러울 뿐이었다. 한없이 사람이 그리운 분들이었다.

기점교회 예배당에 들어섰다. 입구에 쓰인 문구가 눈에 들어왔다.

"그리스도를 위해 죽는 것은 쉽다. 그러나 그리스도를 위해 사는 것은 어렵다. 죽는 데는 한두 시간이 걸리지만 그리스도를 위해 사는 것은 날마다 죽어야 하기 때문이다. 날마다 죽음으로 사는 성도들이 되자."

도시에 있는 그 어떤 대형교회의 휘황찬란한 표어나 문구보다 간결하면서도 복음의 핵심을 담고 있는 말이 아닐 수 없었다. 문구대로라면 기점교회 교인들은 날마다 삶과 죽음을 체험하는 성도들이다.

대기점도 교인들은 병풍교회가 세워지면서 긴 노두를 건너 교회를 다녔다. 주중에는 병풍교회 목회자가 대기점도를 방문하여 예배를 인도했다. 그러다가 1983년 1월 9일 대기점도에 살던 병풍교회 성도들이 대기점도 안에 기도소를 설립했다. 그리고 그해 3월에는 박재철 씨로부터 부지 150평을 기증받아 예배당 건립을 위한 기공예배를 드렸고, 드디어 7월 27일 완공된 예배당에서 감격적인 입당예배를 드렸다.

기점교회 초대 목회자로 부임했던 분은 김종곤 전도사다. 그는 1985년 10월부터 1991년 2월까지 목회를 하다가 육지에 있는 교회로 옮겨 갔다. 이후 다섯 분의 목회자가 기점교회를 거쳐 갔다. 병풍교회에서 목회하는 김대운 목사도 4대 목회자로 기점교회를 섬기던 분이다. 이런 과정을 거쳐 2009년 1월 20일 일곱 번째 목회자로 부임한 분이 바로 초대 목회자였던 김종곤 목사다. 20여 년 만에 자신의 첫 목회지였던 기점교회로 돌아온 것이다. 이런 인연도 있다. 감회가 남다를 수밖에 없을 것이다.

"제가 신학교를 졸업하자마자 전도사로 부임한 곳이 바로 기점교회입니다. 제 고향은 압해도 송공리에요. 신학교를 졸업할 무렵 동기 전도사님과 병풍리가 고향이었던 박문석 목사님의 소개로 오게 되었지요. 한창 젊을 때였으니까 정말 열정적으로 목회를 했습니다. 그러다 5년 후에 다른 지방으로 옮겨 갔다가 이번에 다시 온 것이죠. 제가 처음 목회할 때 계시던 교인들이 몇몇 어르신들 빼고는 그대로 다 계십니다. 다들 잘 왔다고 반겨 주시니까 정말 고향에 온 것 같습니다. 지금 기점교회는 마을 주민들 가운데 한 가족 빼고 다 믿는 가정들입니다. 전체 주민이 42명인데 39명이 기점교회 교인들이에요. 제게 딸 둘이 있어요. 큰딸은 아직 미혼이고 작은딸은 결혼해서 다들 광주에 살고 있으니 여긴 저와 아내 둘뿐이죠. 이곳이 마지막 목회지라 생각하고 남은 생은 여기서 살 생각입니다."

김종곤 목사는 섬에서 태어나 섬에서 목회를 할 수 있도록 사명을 주고 이끌어 주신 주님께 감사하다며 환하게 웃었다.

맨 처음 지어진 예배당은 너무 낡아 교육관 겸 식당으로 사용하고 있었고, 그 옆에 새 예배당이 지어져 있었다. 새 예배당은 병풍교회 김대운 목사가 기점교회를 목회하던 1999년에 지은 것이다. 예배당 앞에는 잔디가 깔려 있는 작은 정원이 있다. 동백꽃과 목련이 피는 아름다운 정원이다. 꽃이 만개했을 때는 예배 후에 교인들이 이 정원에 모여 오순도순 차를 마신다. 도시 교회 어디에 이렇게 멋진 노천카페가 있을 것인가.

아직 남아 있는 병풍교회 두 번째 예배당과 기점교회 첫 번째 예배당은 겉모습이 참 독특하다. 정면 위쪽이 세 개의 기둥처럼 뾰족하게 솟아올라 마치 '뫼 산山' 자 모양을 하고 있기 때문이다. 알고 보니 이것은 성부, 성자, 성령 삼위일체를 상징하기도 하고, 예수님께서 십자가에 달리실 때 양 옆에 있었던 강도의 십자가를 포함해서 골고다 언덕 위의 십자가 세 개를 상징하기도 한다고 한다. 설명을 듣고 보니 예배당이 더 거룩해 보였다.

"도시에서의 목회와 섬 지역에서의 목회는 뭐가 다른가요?"

"도시 교회의 목회는 철저한 준비와 계획에 의해 움직여집니다. 그런데 섬 지역 목회는 준비나 계획이 중요한 게 아니라 주민들과 같이 사는 게 중요합니다. 도시 교회 목회자는 목회와 사생활이 구분되어 있지만 섬 지역의 목회자는 목회와 사생활의 구분이 없습니다. 모든 게 다 열려 있고 개방되어 있어요. 목회자 가정의 일거수일투족이 교인들에게 고스란히 공개됩니다. 그러니까 자기관리를 철저하게 해야 돼요. 생활 속에서 삶으로 목회하는 곳이 바로 섬 지역입니다. 게다가 교인들이 연세가 많은 분들이라 굉장히 단순하십니다. 삐치면 바로 그날 손을 잡아 주고 안아 주고 해서 풀어야 합니다. 어린아이 같은 분들이죠. 이런 지역 특성과 교인들의 특성을 잘 알아야 섬 지역 목회를 할 수 있습니다. 이분들과 함께 살면서 예수 믿는 게 너무 즐겁고 행복합니다."

차와 떡에 과일까지 실컷 얻어먹고 일어나 사택을 나오자 아내 손을 잡았던 할머니가 여전히 경로당 앞에 서 계셨다. 이제 가야 하는데 어떻게 해야 하나 걱정이 앞섰다.

"할머니, 따님이 저를 많이 닮았나요? 사진 한 장 찍어 드릴까요?"

아내의 말에 할머니는 밥을 먹고 가라며 다시 아내 손을 붙잡았다. 사진에는 관심이 없고 딸을 닮은 젊은 여자를 조금이라도 더 보고 싶어 하는 눈치였다.

"죄송해요. 할머니. 물이 들어오기 전에 저희가 다른 데도 가 봐야 해서요. 다음에 또 올게요. 건강하세요."

인사를 하고 돌아서려는데 박명숙 사모께서 다가와 손에 뭔가를 쥐어 주었다. 몸에 좋은 건강 드링크제 두 병이었다. 우리는 손을 흔들며 차를 몰아 산 너머에 있는 소기점도로 향했다. 차가 언덕 위를 돌아 시야에서 완전히 사라질 때까지 할머니는 경로당 앞에 서서 손을 흔들고 계셨다. 그때서야 우리는 드링크제 뚜껑을 땄다. 지금까지 마셔본 드링크제 중에 가장 달콤한 드링크제였다.

노두길을 세 개나 건너야
갈 수 있는 소악교회

대기점도에서 야트막한 산을 넘어 노두길을 지나면 소기점도에 이른다. 좁다란 시멘트 포장도로를 따라 굽이굽이 돌아가면 또 하나의 노두길이 등장한다. 이 길을 지나야 소악도다. 소기점도 주민들은 노두길을 건너 소악교회를 다닌다. 소악도로 접어들어 갈대숲과 학교를 지나면 자그마한 건물에 십자가가 눈에 띈다. 이곳이 증도 신앙 공동체에서 제일 외진 곳에 있고 가장 작은 소악교회다. 예배당 앞에는 아기자기한 텃밭이 잘 가꿔져 있었다.

빨간 지붕의 예배당 문을 조심스레 열고 들어갔다.

"분초마다 예수님 생각. 마음마다 예수님 중심. 말마다 예수님 자랑. 일마다 예수님 감사. 걸음마다 예수님 동행. 시작도 끝도 예수님 통치."

외떨어진 병풍도에서도 노두길을 세 개나 건너야 올 수 있는 멀고 먼 길 끝에 위치한 소악교회 예배당 벽에 붙어 있는 글귀를 접한 순간, 이들이 가진 신앙의 뜨거움과 순수성은 이곳이 결코 작은 교회가 아님을 실감 나게 해주었다.

대기점도에서 산을 하나 넘고 노두길을 건너면 소기점도에 닿는다.
소기점도를 가로질러 방죽을 지나면 또 하나의 노두길이 보인다.
그 너머에 소악도가 있고 빨간 지붕의 소악교회가 보인다.
증도 신앙 공동체에서 가장 먼 열한 번째 교회다.

소악도에 살던 교인들은 돛단배를 타고 바다를 지나 병풍교회를 다니며 신앙생활을 했다. 노두를 건너고 산과 언덕을 넘어 교회에 출석하기도 했다. 날씨가 좋지 않거나 밀물이 5미터 이상 차올라 순식간에 노두를 덮을 때면 생명의 위협을 느낄 때도 한두 번이 아니었다. 그래도 이들은 배를 타고 노두를 건너 예배를 드리기 위해 병풍도를 찾았다.

1982년 병풍교회에서는 이런 성도들의 어려운 사정을 헤아려 소악도에 기도처를 마련했다. 정식 예배당은 아니었지만 교인들이 모일 수 있는 기도처가 있는 것만으로도 소악도 성도들은 뛸 듯이 기뻤다. 이들에게 기도처는 마가의 다락방과 같았다. 그러다가 1996년에 이르러서야 비로소 지금의 예배당이 건립될 수 있었다. 이 작은 예배당이 세워지기까지 이들이 드린 눈물의 기도가 얼마나 간절했을까 생각하면 가슴이 저릿해진다.

소악도와 임자도는 아주 특별한 인연이 있다. 문준경 전도사가 맨 처음 개척했던 임자도 진리교회는 1963년 이공신 목사 시무 당시 돌로 지은 아름다운 예배당을 건축했다. 이때 사용됐던 돌이 소악도에서 실어 나른 돌이다. 진리교회 성도들이 돛단배를 타고 소악도에 들어가 배에 돌을 싣고 임자도로 운반해 하나둘 예배당 외벽을 쌓아 올린 것이다. 온 교인들이 머리에 이기도 하고 등에 지기도 하고 어깨에 메기도 하면서 그 무거운 돌을 날랐다.

그런데 예배당 내부는 전부 목재로 지어져 아름답기는 하지만 화재에 너무도 취약하다는 단점이 있었다. 1993년 2월 15일 월요일 아침

8시경 박성균 목사가 새로 부임한 지 5개월 정도밖에 되지 않았을 무렵, 정신 이상으로 집에서 요양을 하고 있던 한 청년이 매일 기도하러 교회에 나가는 어머니에게 불만을 품고 지하 기도실에 불을 지르는 사건이 일어났다. 정신이 온전치 못한 한 젊은이의 어이없는 실수로 교인들이 피땀 흘려 지은 예배당은 손 쓸 겨를도 없이 완전히 불에 타 잿더미가 되고 말았다.

이 일로 교회는 더욱 기도에 힘쓰고 단결한 결과 지금처럼 더 아름다운 예배당을 세울 수 있었지만 소악도에서 그토록 어렵사리 가져온 돌로 온 교인들이 나서서 지은 예배당이 화재로 유실된 것은 참으로 안타까운 일이다.

진리교회는 문준경 전도사가 신안 일대 섬 가운데 제일 먼저 개척한 장자 교회다. 그리고 소악교회는 증도 신앙공동체에서 가장 멀리 떨어져 있는 막내 교회라고 할 수 있다. 이 두 교회가 이런 인연으로 엮여 있다는 사실 또한 결코 우연한 일은 아니라는 생각이 들었다.

주일 예배를 드리기 위해 소악교회를 다시 찾았다. 예배 시간 30분 전에 정확하게 교회 종소리가 울려 퍼졌다. 이어서 작은 예배당이 떠나갈 듯 우렁찬 찬송 소리가 멀리까지 들려왔다. 조용히 들어가 뒷자리에 앉았다. 두 줄로 놓인 긴 의자에 왼쪽에는 남자 두 명, 여자 두 명, 오른쪽에는 여자 일곱 명 해서 모두 열한 명이 앉아 박수를 치며 찬송을 부르고 있었다. 피아노는 있었지만 반주자가 없어 컴퓨터를 통해 스피커로 흘러나오는 반주에 맞춰 찬송을 불러야 했다. 머리가 하얀 남자 성도 한 분이 앞에서 찬양을 인도했다.

"세상 모든 풍파 너를 흔들어/ 약한 마음 낙심하게 될 때에/ 내려 주신 주의 복을 세어라/ 주의 크신 복을 네가 알리라/ 받은 복을 세어 보아라/ 크신 복을 네가 알리라/ 받은 복을 세어 보아라/ 주의 크신 복을 네가 알리라."

찬송가 429장을 어찌나 힘차게 잘 부르는지 감탄이 절로 나왔다. 찬양을 인도하는 백발의 성도는 도시 교회 테너 솔리스트를 해도 무방할 정도로 실력이 대단했다.

흰 블라우스에 검은 정장을 입고 가운을 걸친 김은미 목사의 인도로 예배가 시작되었다. 예배는 목회자의 인도로만 진행되는 도시 교회의 예배와 조금 달랐다. 교인들과 목회자가 서로 소통하는 쌍방향식 예배였다. 김은미 목사가 한마디 할 때마다 교인들은 웃거나 박수를 치거나 "아멘!" 하고 즉각적인 반응을 보였다. 성가대가 따로 없기에 찬양 시간에는 여자 성도 네 명, 남자 성도 두 명이 앞으로 나가 성가대를 대신해 찬양을 드렸다. 이들을 소악 찬양대라고 불렀다. 광고 시간은 농사와 날씨, 마을 공동체 생활과 경조사에 대한 다양한 정보와 나눔이 이루어지는 시간이었다. 낯선 얼굴인 우리 두 사람은 여지없이 앞에 불려 나가 어른들께 인사를 드리고 정체를 밝히는 시간을 가져야 했다.

증도의 모든 교회들은 주일 저녁 예배를 드리지 않는다. 오전 예배 후 식사를 한 뒤 바로 오후 예배를 드리거나 오전 예배 후 바로 오후 예배를 드리고 나서 식사를 하고 헤어진다. 섬마을 특성상 농사를 짓거나 어장을 돌보는 등 할 일이 많기 때문에 예배를 몰아서 드리는 것

예배를 마치고 푸짐한 점심 식사를 끝낸 다음 한자리에 모인 소악교회 교인들.
너나없이 사진 찍히는 게 쑥스러운 듯 어색한 몸짓에 얼굴까지 발그레해졌다.
교회를 지키는 어린 진돗개 '해피'도 함께하고 싶어 안달이 났다.

이다. 소악교회도 마찬가지였다. 예배가 끝나자 서로 인사를 나눈 뒤 강단 아래 옹기종기 둘러 앉아 차를 마시며 한 성도가 마련해 온 부침개를 나눠 먹었다. 꿀맛이었다.

"어쩌면 그렇게 찬송을 잘 부르십니까? 정말 대단하십니다."

백발의 성도에게 다가가 물었다.

"에이, 머시 잘한다요? 별 거 아니랑께요."

알고 보니 그분은 김양운 장로였다.

"오늘 목사님 겁나게 예뻐부네요잉?"

"오늘만 예쁘다냐? 늘 예쁘당께."

한바탕 웃고 떠들며 간식 시간을 가진 후 곧바로 오후 예배가 시작되었다. 오후 예배 시간에는 좀 더 자유로운 분위기 속에서 순서에 맞춰 성경 공부를 했다. 오전 예배나 오후 예배나 참석 인원이 똑같았다.

오후 예배까지 끝나면 모두 김은미 목사 사택에 모여 점심 식사를 했다. 개펄에서 어제 저녁 때 잡아 온 낙지로 끓인 탕과 갖은 나물에 잡곡밥이 한 상 가득 푸짐했다.

식사 중에 제일 연장자인 이명심 권사가 옛날 소악도 이야기를 들려주었다.

"지는 열여섯 살 때 증동리에서 소악도로 시집을 왔는디 친정 살 때 문 전도사님을 많이 만났지라. 뻘에 빠져감서 나룻배를 타고 전도하러 댕기셨제. 병풍도에도 오셨다가 임자도로 가시곤 했당께. 여기서 병풍도까정 나룻배를 타고 댕김서 예배를 드렸어. 그래 소악도에 기도처 하나만 세워 주시오 그랬제. 시방 이 사택이 그래 세워진 기도처였당께. 목포에서 박기하 권사님이라는 분이 처음 오셨드랬제. 우리는 전도사님이라고 불렀지라."

안에서는 수저 부딪히는 소리와 웃음소리가 끊이지 않았고, 밖에서는 겨울잠에서 막 깨어난 개구리 울음소리가 그치질 않았다.

남편의 뒤를 이어 소악도를 지키는
김은미 목사

소악도에는 모두 열두 가정이 살고 있다. 그중 한 가정만 아직 교회에 나오지 않고 있고 나머지 열한 가정은 모두 소악교회에서 함께 신앙생활을 하고 있다. 이들에게 김은미 목사는 단순한 목회자가 아닌 친형제자매나 마찬가지인 관계다. 하루라도 목소리를 듣지 않거나 얼굴을 보지 않으면 궁금해서 견딜 수가 없을 지경이다.

문준경 전도사와 같이 암태도가 고향인 김은미 목사는 신안군 섬마을에서 유일한 여성 목회자다. 문준경 전도사가 목사 안수를 받지 못했으니 여성 목사로서는 최초로 신안 지역 목회 현장을 지키고 있는 셈이다. 얼마 전까지만 해도 그녀는 자신이 목사가 되어 목회를 하게 될 줄은 꿈에도 생각지 못했었다. 목회자인 남편이 있었기 때문이다.

그녀는 남편인 김수열 전도사와 함께 지난 2002년 섬 선교에 대한 사명감을 가지고 소악교회에 부임하여 사역을 시작했다. 두 사람은 소악도 복음화를 위해 끊임없이 기도하며 주민들을 찾아가 복음을 전했다. 주민들의 농사와 대소사를 앞장서 도우며 한 가족처럼 허물없이 지냈다. 거친 길과 험한 노두를 건너 같이 심방을 다녔다. 돌아보면 가장 행복했던 시절이었고 누구보다 열정적으로 땀 흘려 사역하던 때였다.

그렇게 1년 정도 시간이 지났을 무렵 갑자기 남편 몸에 이상이 생겼다. 육지에 있는 큰 병원을 찾아 진찰한 결과 급성림프백혈병이라는 판정이 나왔다. 생전 들어 보지도 못한 병명이었다. 증세가 위중해 살 날이 얼마 남지 않았다는 의사의 말을 믿을 수가 없었다. 젊은 나이에 편하고 안락한 길을 놔두고 외진 섬에 들어와 그토록 헌신적으로 목회에 몰두하던 남편에게 왜 이런 고난이 주어지는 건지 이해하기 어려웠고 받아들이기도 힘들었다.

하지만 김수열 전도사는 이 또한 주님의 뜻이라면 순종해야 한다면서 담담하게 받아들였다. 그녀의 남편은 병원에 입원해 치료를 받다가도 몸 상태가 조금만 좋아지면 다시 먼 길을 거쳐 교회로 돌아와 예배를 인도할 정도로 신실한 목회자였다. 그 뒤 1년여에 걸친 고되고 힘겨운 투병 끝에 그는 2004년 3월 3일 하나님의 부르심을 받았다.

남편이 하늘나라로 떠나 버린 소악도에 홀로 남은 김은미 목사는 앞으로 자녀를 데리고 살아갈 날들을 생각하니 막막할 수밖에 없었다. 자신은 목회자의 부인이지 목회자가 아니니 남편을 대신해 소악교회 목회를 이어 갈 수도 없었고, 그렇다고 섬 선교에 대한 열정과 사명을 포기하고 훌쩍 육지로 떠나 버릴 수도 없었다. 남편과 자신의 가정을 위해 위로와 격려를 아끼지 않으며 밤낮으로 기도해 주던 교인들의 사랑을 외면할 수가 없었다.

이때 소악교회 성도들이 먼저 김은미 목사를 붙잡았다.

"사모님, 머라 말할 수 없을 맹키로 힘드신 거 지들이 잘 알지라. 그란디 워쩔꺼시오. 지난 일은 싸게 이자뿔고 새로 시작혀야 안허요. 사모님이 신학을 혀갖꼬 지들을 이끌아 주시오. 김수열 전도사님 뜻을 받들어 그분 못허신 몫까정 해주시란 말이오. 그것이 주님께서 전도사님을 불러 가신 뜻이고, 남은 우리가 해야 할 일이 아니겄소. 안 그라요, 사모님!"

교인들의 간청에 김은미 목사는 소악도에 남기로 했다. 어린 두 자녀를 생각하면 육지로 나가는 편이 나았지만 죽기까지 충성을 다한 남편의 비전을 버릴 수 없었던 것이다. 그녀는 남편 대신 소악교회를 지키면서 육지로 통학하며 신학을 공부하기에 이른다. 육지에 살면서 공부만 해도 힘든 판에 섬에서 육지로 그 먼 길을 오가며 공부하랴, 두 아이의 엄마 노릇하랴, 소악교회 성도들 섬기랴, 정말 몸이 열 개라도 모자랄 지경이었다. 그렇지만 자신을 믿고 따르는 교인들을 생각하면 아파 누울 시간조차 없었다.

그녀가 신학 공부를 마칠 때까지 소악교회 성도들은 묵묵히 그녀를 후원하며 기다려 주었고, 교단에서도 소악교회에 새로운 목회자를 파송하지 않고 그녀의 지나온 사역을 모두 인정하며 '전도인'으로서 소악교회 목회를 하면서 학업을 마칠 수 있도록 배려해 주었다.

4년 동안 전남신학원에서 공부한 뒤 2년에 걸쳐 서울신학대 목회신학연구원 과정을 마친 그녀는 2010년 4월 29일 문준경 전도사가 목회하던 증동리교회에서 전남동지방회 주관으로 목사 안수를 받았

남편의 뒤를 이어 소악교회 목회자로 섬기고 있는 김은미 목사. 문준경 전도사와 같이 암태도가 고향인 그녀는 신안군 섬마을에서 유일한 여성 목회자다. 문준경 전도사가 목사 안수를 받지 못했으니 여성 목사로서는 최초로 신안 지역 목회 현장을 지키고 있는 셈이다.

다. 참으로 감격적인 순간이 아닐 수 없었다. 소악교회 모든 성도들도 증동리교회로 달려가 제 일처럼 기뻐하며 열렬히 축하해 주었다. 그녀 역시 남편인 김수열 전도사를 생각하며 마음껏 기쁨의 눈물을 흘린 날이었다.

2011년 5월에는 소악교회가 생긴 이래 가장 경사스러운 날을 맞았다. 처음으로 장로 한 명, 명예권사 두 명, 권사 세 명을 세우는 임직식이 열렸기 때문이다. 목사 안수를 받고 정식으로 소악교회 담임 목회를 시작한 지 1년여 만에 이런 기쁨을 누릴 수 있게 된 것이다. 이날 외지에서 200여 명의 손님들이 소악교회를 방문해 축하해 주었다. 이 마을이 생긴 이래 가장 많은 인파가 모인 날이었을 것이다.

소악도에서는 낯선 사람이나 차 한 대만 눈에 띠어도 마을 주민들이 다 나와서 쳐다본다. 이 낯선 곳에 누가 왔을까 궁금해서다. 시선이 부담스러우면 차에서 내려 인사를 하면 된다. 그러면 십중팔구 누군가 차나 한 잔 하라거나 식사 안 했으면 밥이나 먹고 가라고 붙잡을 것이다. 이게 바로 소악도 인심이고 소악도 사람들이 살아가는 방식이다.

"소악도에서 사는 기 얼마나 즐거운지 모르제라? 겁나게 좋다니께요. 시방은 병풍도에서 상수도를 연결해 식수도 잘 나오고, 인터넷도 잘 되고, 핸드폰도 빵빵 잘 터져지지라. 사는 데 전혀 암시랑토 안헌당께요."

김은미 목사의 소악도 사랑은 남다르다. 새벽부터 밤중까지 기도와 예배와 심방과 농사로 눈코 뜰 새 없이 바쁘지만 남편의 사명과 못다 이룬 꿈을 이뤄 간다는 데 대한 기쁨이 넘치기 때문이다. 장성해서 엄마 품을 떠난 아들 태안이와 에덴이는 뭍에 나가 살고 있다. 남편도 주님이 책임지셨듯이 자녀들의 앞길도 주님이 책임져 주시리라 믿기에 자신은 주님께서 맡기신 일을 감당하는 데만 최선을 다할 뿐이다.

"전도사님 살아 계실 적에 예배 드리고 돌아가던 소기점도 교인 네 명이 노두길을 건너다 갑자기 불어난 물 땜시로 중간에서 큰 위험을 당한 일이 있었지라. 워메 그때 얼매나 놀랐는지 모른당께요. 지는 건너편에서 발만 동동 구르는디 전도사님이 들어가 장대를 건네 겨우 건너갈 수 있었어라. 그란디도 교인들은 새벽기도회에 빠지지 않고 나와 기도를 드린당께요. 참말로 대단하지라? 육지에 나가 있을 적에도 주일이 되믄 꼭 배 타고 들어와 소악교회에서 예배를 드릴 정도라니께요. 그랑께 지도 하나님과 성도들 앞에서 부끄럽지 않은 종이 되기 위해 힘쓸라고 합니다. 1년에 아홉 켤레나 되는 고무신을 바꿔 신을 맹키로 부지런하게 섬을 돌아댕기믄서 복음을 전하신 문 전도사님처럼 헌신하며 살라고 혀요."

신학교를 졸업하고도 아무도 목회하러 가지 않으려는 이 외떨어진 섬마을에서 열두 가정 전체의 복음화와 성도들의 신앙 성장을 위해 먼저 간 남편의 뒤를 이어 묵묵히 전도자의 길을 걷고 있는 김은미 목사를 보며 목회와 신앙에 대해 다시 한 번 근본적인 질문을 던지지 않을 수 없었다. 겉모습만 보면 소악교회는 초라하기 짝이 없는 교회다. 하지만 주님이 기뻐하시는 교회가 어떤 교회이며, 주님이 기뻐 받으시는 예배가 어떤 예배이고, 주님이 원하시는 목회자가 과연 누구일까를 생각해 보면 소악교회는 부족할 게 없는 풍성한 교회였다.

"섬 교회는 한 생명을 위해 존재하는 교회지라. 마을 주민들 이름을 하나하나 부르믄서 기도하는 시간이 얼매나 행복한지 아시오? 큰 교회 목사님들은 상상도 못할 것이오."

노두길을 지나오는 동안 김은미 목사의 구수한 사투리가 귓전에 쟁쟁했다.

+

작은 섬 안에 학교가 세 개, 병풍도 아이들

섬의 규모는 학교를 보면 잘 알 수 있다. 임자도에는 고등학교까지 있고, 증도에는 초등학교와 중학교가 있다. 병풍도에도 세 개의 학교가 있는데, 모두 증도초등학교 분교장이다. 병풍분교장이 세 학교 가운데 가장 큰 학교다. 평생 교직 생활을 하다가 은퇴한 병풍교회 이명석 장로에 따르면 한때 이 학교에는 200명 가까운 학생들이 다녔다고 한다. 그는 병풍분교장에서 교사로 근무한 적도 있었다.

"1980년대 초까지만 해도 학생들이 185명에 달했습니다. 그 아이들이 모두 병풍교회에 다니는 아이들이었어요. 전교생이 한 교회에 출석한 셈이죠. 학교에 다니지 않던 아이들까지 교회에 나오니까 병풍분교장 학생 수보다 병풍교회 주일학교 학생 수가 더 많았어요. 아무래도 외진 곳이다 보니 선생님들이 오셔도 도서 벽지에서 근무한 평점만 따 가지고 훌쩍 떠나는 경우가 많았는데, 증동리교회 다니던 정기용 장로님이 교장 선생님으로 오신 뒤부터 학교 분위기가 확 바뀌었습니다.

이분이 기초학력 조사를 해보고 나서 깜짝 놀라더니 아이들 공부를 엄격하게 시키기 시작했어요. 아침에 마을 공지사항을 알리는 스피커를 통해 아이들을 깨우고 학습사항을 전달했죠. 선생님들이 집집마다 다니면서 아침 공부를 하는지 안 하는지를 검사했어요. 퇴근 후에도 학교에 공부방을 운영해서 아이들을 지도했고요. 자신의 판공비를 다 털어서 선생님들을 위해 쓰셨습니다. 교육관이 투철하고 헌신적인 대단한 분이셨죠. 워낙 솔선수범하시니까 교사들도 불평이 없었어요. 부임하신 지 3년 만에 일제평가를 치렀는데, 신안군 전체에서 1등을 했어요. 학교가 생긴 이래 최대의 경사였죠. 학부모들이 좋아서 난리가 났었습니다. 섬마을 아이들에게 꿈을 심어 주고 키워 준 분입니다."

주민들이 세웠다는 학교 앞에 있는 '교장 정기용 공적비'가 이명석 장로의 회고를 더욱 분명하게 증명해 주고 있었다.

아침 8시가 지나자 아이들이 하나둘 등교를 시작했다. 아이들은 교실로 들어가기 전에 운동장에 모여 공부터 찼다. 전교생을 다 모아도 축구를 할 수 있는 인원이 안 되기 때문에 그저 공을 몰고 열심히 달리는 게 전부였다. 운동장에는 잔디가 깔려 있고 미끄럼틀, 철봉, 농구대와 각종 놀이시설이 갖춰져 있었다.

병풍분교장에는 2학년 두 명, 3학년 한 명, 6학년 두 명 해서 모두 다섯 명이 공부하고 있다. 여학생은 한 명도 없고 모두 남학생이다. 남학생 두 명, 여학생 한 명이 부설유치원에 다니고 있다. 작년만 해도 아이들이 꽤 됐는데, 6학년이 졸업하고 몇몇 아이들이 전학을 가면서 학생 수가 급격히 줄어들었다. 남자 선생님 한 명, 여자 선생님 한 명에 유치원 전담 여자 선생님 한 명이 열심히 아이들을 지도하며 이 반

병풍분교장 아이들은 아침에 등교하면 교실로 들어가기 전 운동장에 모여 공부터 찼다.
전교생을 다 모아도 축구를 할 수 있는 인원이 안 되기 때문에 그저 공을 몰고 열심히
달리는 게 전부였다. 유치원생 꼬마도 질세라 고학년 형들을 열심히 쫓아다녔다.

아름다운 정원을 간직한 소악분교장 풍경.
수업 시간이 되면 바다도 하늘도 바람도 가만히 숨을 죽인다.
선생님과 학생이 진지하게 일대일 교육을 하는 동안
관사 뒤쪽에 있는 닭장 안에선 암탉 한 마리가 조용히 달걀을 낳는다.

저 반 옮겨 다녔다.

복도 벽에는 아이들이 쓰고 그린 다양한 글과 그림, 사진 등이 전시되어 있었다.

"우리는 배를 타고 가서 차로 자연사박물관에 갔다. 가는 중 목포에서 차를 타고 가면서 벚꽃이 활짝 피어 있는 모습을 봤다. 그리고 자연사박물관에 도착해서 맛있는 점심을 먹었다. 친구들과 함께 점심을 먹으니 엄청 맛있었다. 그다음 목포 자연사박물관에 들어갔다. 목포 자연사박물관에서 어마어마하게 큰 공룡을 봤다. 그 후에 수중생명관에서 엄청 큰 바닷속 생물을 보고 지역생태관에서 실제 물고기들을 보았다. 천연기념물인 황쏘가리도 보았다. 그리고 육상생명관에서 조류 포유류 등 여러 가지를 보고 90만여 종의 곤충들을 보면서 도자기박물관에 갔다. 도자기박물관에서 여러 가지 도자기 물건을 보았다. 자연사박물관에 다녀온 것이 너무 재밌고 즐거웠다."

목포 자연사박물관에 다녀온 느낌을 적은 한 어린이의 글에서 섬마을 아이들의 순수한 동심을 읽을 수 있었다.

대기점도 남촌에 있는 기점분교장은 안타깝게도 2010년 3월 1일자로 폐교되고 말았다. 마을에 학교를 다닐 만한 어린이가 없어 학생을 받지 못하면 학교는 자동으로 폐교되고 만다. 요즘 농어촌 지역 어딜 가나 쉽게 접할 수 있는 현상이 바로 폐교다. 이런 식으로 시골 마을 학교들이 폐교된다면 10년, 20년 후 농어촌이 어떻게 될까 걱정스러웠다.

"지가 4학년 때까정 병풍분교장으로 핵교를 댕기다가 기점분교장이 생긴서 요리 옮겨서 마저 댕기고 졸업을 했당께요. 긍께로 지가 기점분교장 졸업생인디 요로코롬 핵교가 없어진 걸 본께 맴이 쪼까 안 좋소."

대기점도 오영춘 이장이 홰낙지잡이를 하러 트럭을 타고 학교 앞을 지나다가 불쑥 이렇게 말했다. 폐교를 바라보는 심정이야 대기점도 사람들 누구 하나 쓸쓸하지 않을 사람이 있겠는가.

소악도에도 학교가 있다. 소악교회 바로 옆에 아담하게 자리한 학교다. 오래된 동백나무와 향나무, 소나무 사이로 진달래, 목련, 개나리 등 봄꽃이 만발했고, 아래로는 이름 모를 들꽃들이 그 어떤 구애도 받지 않고 제멋대로 만개해 있었다. 교사와 학생이 함께 가꾸었을 법한 앙증맞은 텃밭에서는 다양한 채소들이 새싹을 피우고 있었다. 앞에는 바다가 보이고 넓은 갈대숲이 바람에 흔들렸다. 이토록 아름다운 학교 정원은 처음이었다.

소악분교장에는 학생도 한 명, 교사도 한 명이다. 교사는 학교 옆에 딸린 관사에서 생활하다가 주말이면 광주에 있는 집으로 간다고 한다. 일요일 저녁 다시 배를 타고 섬으로 들어오면 일주일 동안 오직 한 명의 학생을 위해 봉사해야 한다. 참으로 이상적인 일대일 맞춤식 교육이 이루어지는 현장이 바로 소악분교장이다.

이 학교의 유일한 학생은 1학년 상현이다. 이 아이는 다름 아닌 소악교회 김양운 장로의 손자다. 작년까지 학교를 다니던 학생이 졸업한 다음 학생이 없어 학교가 폐교될 위기에 처하자 목포에 있는 둘째네 아들을 데려다 입학을 시키고 할아버지 할머니 집에서 살도록 한 것

소악분교장의 유일한 학생인 상현이가 공부하는 모습.
학교의 모든 시설과 교육 자료들은 오직 상현이만을 위한 것이다.
이제 1학년이니 앞으로 6년 동안 상현이 때문에
소악도 사람들은 폐교 걱정 없이 지낼 수 있게 되었다.

이다. 상현이 역시 주말이면 배를 타고 엄마 아빠한테 갔다가 일요일 저녁 다시 할아버지 할머니 집으로 돌아온다.

"상현이 핵교 댕기는 동안은 일단 폐교 걱정을 덜었지라. 시방 1학년잉께 6학년 될 때까정은 괜찮지만 그다음이 걱정이당께요. 마을에 아그들이 없어서……."

김양운 장로는 벌써부터 6년 뒤가 걱정이라며 고개를 저었다. 그나마 상현이가 있으니 소악도는 대기점도에 비하면 얼마나 행복한 마을인가.

흰색 칠이 된 작은 단층 건물의 학교지만 공부방, 자료실, 과학실 등 있을 건 다 있었다. 이 모든 시설은 상현이를 위한 것이다. 친구가 없어서 그렇지 남부럽지 않을 만했다. 교실에 들어가서 상현이를 만났다. 수줍어하는 기색 없이 의기양양했다. '나 없으면 학교가 어떻게 되는지 알지?' 하는 표정이었다.

"배고파요."

"아직 점심시간 멀었는데, 왜 벌써 배가 고파?"

"도시락이라도 먹어야겠다."

"안 돼요."

"그럼 숨바꼭질해요."

병풍도에 있는 학교들엔 공통점이 있다. 정문 옆에 책보를 들고 걸어가는 반공소년 이승복 동상이 세워진 것이다. 도시 학교에서는 볼 수 없는 추억의 동상이었다. 먼 훗날 학생들이 모두 떠나 버린 빈 학교를 이 동상만 홀로 남아 지키는 일이 없기만을 간절히 바랐다.

섬을 지키며 살아가는
순교자의 후예들

2012년 4월 8일 부활절 새벽, 증도 신앙 공동체 열한 개 교회에서는 일제히 새벽 예배가 열렸다. 동도 트지 않은 이른 시각이지만 젊은 아낙네부터 할머니까지 여자들은 모두 하얀색 한복으로 갈아입고 초 한 자루씩을 든 채 예배당으로 향했다. 초를 켜고 예배당에 앉아 두 손을 모은 여인들의 모습에서 부활하신 주님을 맨 처음 만났던 막달라 마리아와 야고보의 어머니 마리아와 살로메가[1] 떠올랐다.

오전 예배 때도 마찬가지였다. 예배당 안은 흰색 물결이었다. 이들은 박수를 치며 부활하신 예수님을 찬양했다. 이들의 표정과 모습에서 부활절을 맞는 진정한 기쁨을 발견할 수 있었다. 문준경 전도사의 후예로 살아가는 이들에게 고난과 죽음, 부활과 영생은 결코 추상의 세계에 있는 것이 아니라 일상의 삶 속에 녹아 있었다.

오후 2시에는 문준경 전도사 순교기념관에서 처음으로 부활절 연합 예배가 드려졌다. 한 시간도 훨씬 더 남은 시각부터 사람들이 모여들었다. 엘리베이터도 타 보고, 전시관에도 들러 보고, 화장실도 기웃거리며 신기한 듯 기념관 내부를 살폈다. 증도 신앙 공동체의 숙원이

부활절 연합 예배를 드리는 성도들.
문준경 전도사의 후예로 살아가는 이들에게 고난과 죽음,
부활과 영생은 일상의 삶 속에 그대로 녹아 있었다.

던 순교기념관을 처음 둘러보는 날이었기 때문이다.

한 성도의 인도로 찬양이 시작되었다.

"자, 여러분! 옆 사람을 보면서 따라 하십시오. 겁나게 사랑합니다!"

"겁나게 사랑합니다!"

"징허게 사랑합니다!"

"징허게 사랑합니다!"

출석하는 예배당은 달라도 모두 가족처럼 친숙한 한 교회 성도들이었다.

"주 음성 외에는 더 기쁨 없도다/ 날 사랑하신 주 늘 계시옵소서/ 기쁘고 기쁘도다/ 항상 기쁘도다/ 나 주께 왔사오니 복 주옵소서."

3층 예배실을 가득 메운 성도들이 찬송가 500장을 박수를 쳐 가며 힘차게 불렀다. 뜨거운 열기가 뿜어져 나왔다. 웃음과 박수와 환호가 이어지는 예배실 풍경은 말 그대로 축제였다.

어떤 남자 성도가 하얀 가운을 입고 나와 독창을 했다. 예배 순서에는 없는 시간이었는데, 너무 기쁜 나머지 찬송을 부르기 위해 특별히 의상을 맞춰 입고 나왔다고 했다.

장고리교회 서문우 목사의 설교가 시작되었다.

"예수님의 부활을 믿는다고 말은 하면서도 부활하신 예수님께서 말씀하신 대로 살지 않고 행하지 않는다면 그게 과연 부활을 믿는 겁니까? 예수님의 부활을 믿는다면 그분이 가르치신 그대로 행하고 그대로 살아야 합니다. 우리는 모두 순교자 문준경 전도사의 후예들입니다. 그분처럼 어떠한 고난과 역경이 몰아닥친다 하더라도 물리쳐 이길 수 있는 순교 신앙을 가지고 살아갈 것을 다짐한 사람들입니다. 그렇다면 그 누구보다 먼저 우리가 말씀대로 살고 말씀대로 행해야 합니다. 그것이 진정한 순교자의 후예로 사는 길입니다."

어느 해 부활절보다 청명한 날씨였다. 증도 신앙 공동체 연합 예배가 드려지는 문준경 전도사 순교기념관 위로 그림처럼 파란 하늘과 하얀 구름이 펼쳐져 있었다. 하늘나라에서 이 광경을 문준경 전도사가 내려다본다면 얼마나 흐뭇해하실까 하는 생각이 들었다. 한 사람이 온전히 예수를 믿고, 믿는 대로 실천하고, 신앙을 지키기 위해 묵묵히 순교자의 길을 걸어갔을 때, 그 가정과 이웃과 공동체 전체가 복음의 화원으로 가꿔질 수 있음을 우리는 분명히 목격했다. 증도는 그 명백한 증거의 현장이다.

증동리교회 예배당 입구에 걸린 현판의 글귀는 증도 신앙 공동체의 신앙고백이자 한국 기독교 역사에 면면히 흐르는 신앙고백이다.

"순교자의 흘린 피는 복음 전파의 밑거름이 되다."

一
부록

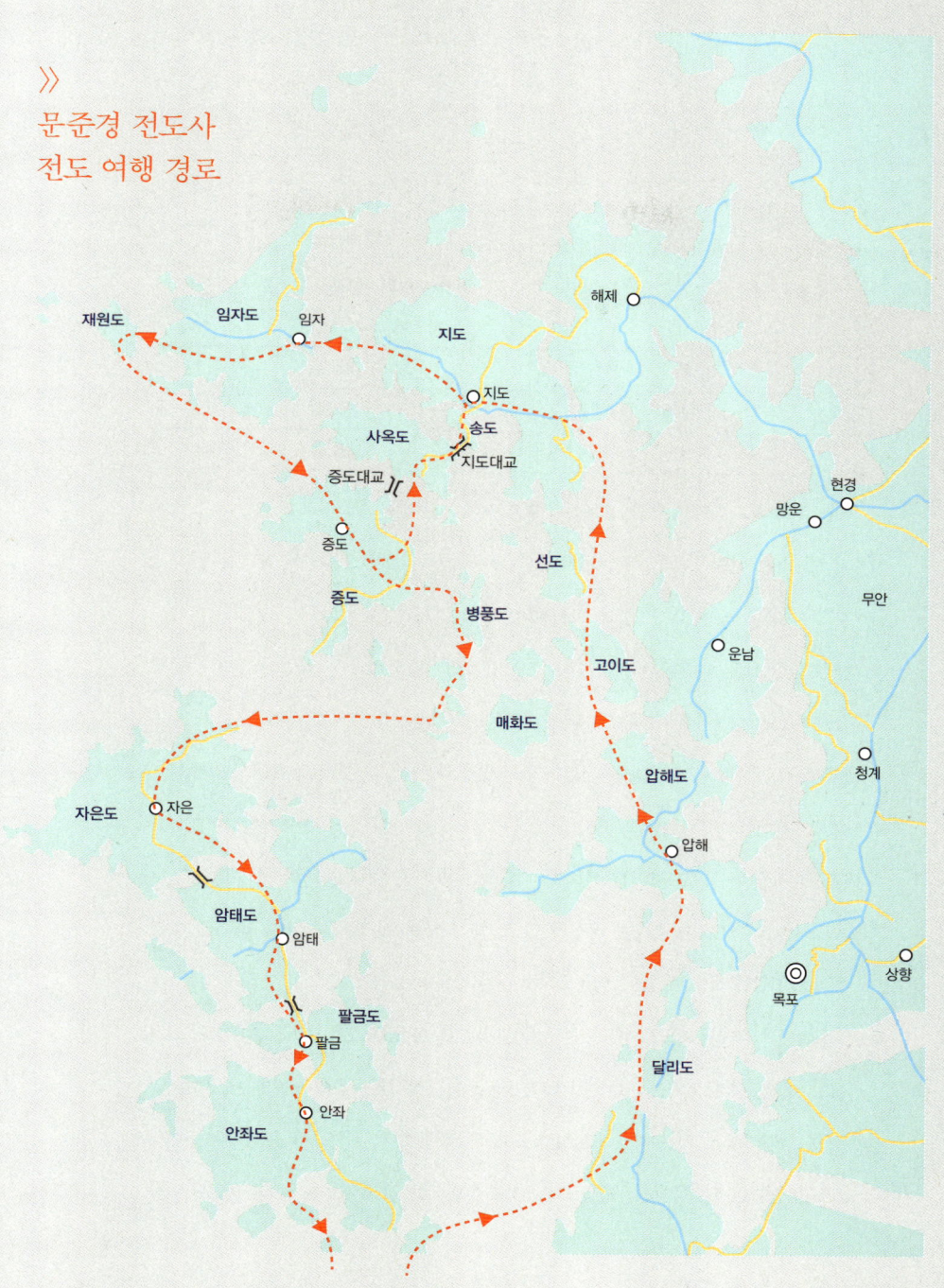

증도 일대 교통 안내
(전라남도 지역번호: 061)

•송도와 병풍도를 오가는 선박 운항 시간

송도 선착장 → 병풍도 보기 선착장	병풍도 보기 선착장 → 송도 선착장
07:00	07:30
09:00	09:30
14:00	14:30
17:15	17:30

• 배는 지도대교 아래에 있는 송도선착장(송도수산시장)에서 출발하고 도착한다.

• 위 시간표는 하절기(4월~9월) 기준이며, 동절기(10월~3월)에는 30분씩 늦춰진다.

• 차량은 승용차와 승합차만 탑승 가능하며, 버스는 탑승할 수 없다.

• 차량 승선 요금은 승용차의 경우 대당 9,000원, 승합차의 경우 대당 12,000원이며, 사람 승선 요금은 성인 3,000원, 어린이 1,000원이다. 모두 편도 요금이다.

• 안개가 끼거나 바람이 부는 등 기상이 좋지 않을 때는 배가 운항되지 않을 수도 있다.

• 선박 운항 문의: 〈더 존 페리 2호〉 정우해운(247-2331), 남경조 선장(010-4604-5252)

• 송도 선착장과 병풍도 보기선착장에는 화장실만 있을 뿐 매점이나 식당은 없다.

• 증도에는 섬 안을 운행하는 버스가 있고, 택시가 두 대 있다. 택시를 타려면 미리 전화로 예약을 하는 게 좋다. 병풍도에는 마을버스가 한 대 있고 택시는 없다.

• 증도에는 덕정에서 화도로 들어가는 노두길이 있고, 병풍도에는 신추도, 대기점도, 소기점도, 소악도로 들어가는 노두길이 있다. 노두길을 건널 때는 밀물과 썰물 시간대를 미리 잘 확인해서 배 타는 시간에 늦지 않도록 조심해야 한다. 밀물로 노두길이 잠기기 시작하면 썰물이 되어 다시 차를 타고 건널 수 있을 때까지 2시간 정도 지나야 한다. 특

히 신추도나 소기점도에는 민가도 드물고 가게도 없기 때문에 고립되지 않는 게 좋다.

- 밀물 썰물 시간 안내: 바다타임(www.badatime.com)
- 자전거 대여 및 정비: 문경오(010-6662-3384), 짱뚱어다리 앞에 있으며, 대여 시간은 오전 9시~오후 4시이고, 요금은 1시간에 2,000원, 1일 10,000원이다.
- 병풍도 주민들을 위해 송공(압해도)에서 병풍도(소악도, 소기점도, 대기점도, 병풍도)를 거쳐 신월(무안)까지 오가는 〈더 존 페리호〉(대표: 010-2602-5800)가 운항되고 있다.

- 임자도와 지도를 오가는 선박 운항 시간

지도(점암선착장) → 임자도(진리선착장)	임자도(진리선착장) → 지도(점암선착장)
07:00	06:30
08:00	07:30
09:00	08:30
10:00	09:30
11:00	10:30
12:00	11:30
13:00	12:30
14:30	14:00
15:30	15:00
16:30	16:00
17:30	17:00
18:30	18:00
20:00	19:30
22:00	21:30

• 임자도와 지도를 오가는 선박 차량 승선 요금

차종	요금
경승용차	16,000원
준중형 승용차	20,000원
경승합차	17,000원
9인승 이하 승합차	21,000원
15인승 이하 승합차	25,000원
25인승 이하 승합차	58,000원
35인승 이하 버스	104,000원
45인승 이하 버스	177,000원

• 지도읍내에서 지도대교 방향으로 좌회전하지 말고 직진하면 점암선착장이 나온다.

• 사람 승선 요금은 1인당 3,200원이다.

• 승선 요금은 왕복 요금이며, 표는 진리선착장에서 나올 때 계산해서 끊는다.

• 지도 점암선착장과 임자도 진리선착장에는 화장실과 매점, 여러 곳의 식당이 있다.

• 지도 점암선착장에서 무안, 목포, 광주로 운행되는 버스가 있다.

• 임자매표소(농협): 275-7303

• 임자면사무소: 275-3004

• 임자진리교회(목사 이성균): 275-5323

증도 일대 여행 정보

(전라남도 지역번호: 061)

• 타는 곳

증도 버스 ①: 010-3666-3978(김영오)

증도 버스 ②: 010-8888-4478(김영수)

증도 택시 ①: 271-2060, 011-614-8419(김수일)

증도 택시 ②: 275-7998, 011-9617-7607(이영환)

지도버스터미널: 275-0108

무안시외버스터미널: 453-2518

목포시외버스터미널: 276-0220

광주고속버스터미널: 062-360-8114

신안군 문화관광과: 241-8355, 240-8357

• 자는 곳

엘도라도 리조트: 260-3333(www.eldoradoresort.co.kr, 예약 전화: 1544-8865, 전화 예약은 평일 09:00~18:00, 토요일 09:00~16:00, 홈페이지 회원으로 가입한 후 예약하면 숙박요금을 20퍼센트 할인받을 수 있음. 리조트 안에 매점과 각종 식당, 사우나, 현금인출기 있음. 광주와 목포를 오가는 버스가 엘도라도 리조트 앞에서 출발함)

증도민박(www.j-minbak.com): 275-8400

증도닷컴(www.jeung-do.com): 062-430-2007

• **먹는 곳**

증도닷컴(www.jeung-do.com): 062-430-2007

• **증도 내 주요 기관**

문준경전도사순교기념관(www.mjk1004.org): 271-3455

증도면사무소: 271-7619

증도파출소: 271-7612

증도우체국: 271-7788

증도초등학교: 271-7506

증도중학교: 271-7679

증도보건지소: 271-7532(약을 지을 수 있음)

광영약업사(약국): 271-7515(주말에는 문을 닫음)

증도종합기계(카센터): 271-7622~3

증동리농협: 271-7555~6(365일 자동코너가 있어 입출금 가능)

증동리농협 하나로마트: 271-7554(평일 18:30, 토・일요일 17:00까지 영업)

증동리농협 주유소: 271-0273(짱뚱어다리 맞은편, LPG 불가)

신안갯벌센터 및 슬로시티센터: 275-8400, 240-8884

태평염전: (주)섬들채(www.sumdleche.com) 275-0370~1

소금박물관(www.saltmuseum.org): 275-0829

솔트레스토랑: 261-2277

소금동굴 힐링센터: 261-2266

증도면 병풍출장소: 240-8621

증도파출소 병풍출장소: 246-2355

증도보건지소 병풍출장소: 246-2264

농협 병풍출장소 하나로마트: 246-2435, 010-6693-5426(병풍도에 있는 유일한 편의점. 병풍출장소는 입출금이 안 되기 때문에 증도에서 미리 돈을 찾아 가야 함)

병풍도 신추민박(박두월): 246-2342, 010-5655-2342

대기점도 민박(오영춘): 275-9014, 017-620-9014

※ 증도 여행에 관한 자세한 사항은 증도 주민이 운영하는 여행사 '길벗'(261-6200, 6300)에 문의하면 많은 도움을 받을 수 있다.

• 증도에 있는 11개 교회 주소

교회 이름	주소	전화	담임 목회자
증동리	증도면 증동리 1304번지	271-7547	김상원 목사
대초리	증도면 대초리 111번지	275-7625	나충식 목사
우전리	증도면 우전리 82번지	275-7825	박성균 목사
장고리	증도면 장고리 1215번지	275-7663	진성수 목사
방축리	증도면 방축리 152번지	271-7942	고영달 목사
염산	증도면 방축리 511번지	271-5000	김병석 목사
화도	증도면 대초리 화도 71번지	261-2080	최인식 목사
증도제일	증도면 증동리 1785-4번지	271-3849	김영석 목사
병풍	증도면 병풍리 432번지	246-2133	김대운 목사
기점	증도면 병풍2구 441번지	275-3294	김종곤 목사
소악	증도면 병풍2구 산 240-2번지	261-3965	김대성 목사

+ 묵상의 글 +

순교자 문준경 전도사를 생각하며

병원도 약방도 없는 섬에서 그분은 유일한 의사요, 약사였습니다. 불효자식들에게는 따끔하게 야단을 치고, 부부 싸움 한 집에 가서는 화해시켜 주고 모든 걸 다 돌봐 주는 선한 목자셨어요. 그분의 교회는 목민센터였습니다. 믿는 사람 안 믿는 사람 가리지를 않았어요. 그걸 보고 저는 '아, 목회자란 저래야 한다' 이렇게 생각했습니다. 한국 교회의 70퍼센트 정도가 자립을 못하고 있는데, 전부 이렇게만 목회를 한다면 다 뒤집어질 겁니다. 예수 믿는 사람은 안에 있는 양이고, 안 믿는 사람들은 밖에 있는 양입니다. 종합적인 리더십을 가진 분이셨어요. 내 생애 최초 최대의 임팩트를 주신 분입니다. 테레사 성녀라고 할 만한 분입니다.

_ 고 김준곤 목사(전 한국대학생선교회 총재)

문 전도사님은 늘 돌아다니면서 안수기도도 하시고 병도 고치시고 그랬어요. 문 전도사님이 제게 남기신 신앙의 유산이라고 한다면 믿음으로 살도록 기초를 만들어 주신 겁니다. 제가 주일학교 학생일 때 정말 사랑해 주시고 아껴 주셨어요. 보통 사랑했던 게 아니에요. 아주 특별하게 사랑해 주셨어요. 다 예수를 안 믿는다고 하지만 이분이 가기만 하면 전부 변화가 돼요. 말 잘하고 찬송 잘하고 예쁘고 사교성 좋고…… 모두들 좋아했어요. 언제나 남들보다 앞장을 섰어요. 다 감동받고 변화를 받았죠. 그때는 나룻배를 타고 다녔는데, 아주 위험하고 불안했어요. 그걸 여러 번 갈아타고 섬마다 다니면서 전도를 하셨어요. _ 고 이만신 원로목사(중앙성결교회)

그분은 겁이 없는 분입니다. 그분 마음속에 두려움이란 애당초 없었습니다. 이미 죽음을 넘어선 분이었기 때문에 무엇이든지 신앙의 힘으로 해결해 나갈 수 있는 그런 분이셨어요. 그러니까 힘들다, 어렵다 이런 게 있을 수 없었죠. 불덩어리라고 보면 될까요? 사랑덩어리였습니다. 만일 문 전도사님이 결혼해서 남편 사랑받으며 애 낳고 행복하게 보통 여자들처럼 살았다면 아직도 섬에 있는 많은 사람들이 예수님을 모른 채 살아가고 있을 겁니다. 이게 다 하나님의 오묘한 섭리이자 역사지요. 본인이 아픔을 당함으로써 수많은 생명을 살리신 거예요. 스데반이 죽고 나서 바울이 예수님을 만났고, 바울을 통해 기독교가 세계에 전파되었지요. 문 전도사님 영향으로 수많은 사람들이 예수를 믿고 가정이 변하고 꿈이 달라졌어요. 신앙혁명, 생활혁명, 인간혁명을 일으킨 분이에요. 그런 의미에서 문 전도사님은 혁명가입니다.
_ 정태기 목사(크리스천치유상담연구원 원장)

문준경 전도사님의 삶은 '한 알의 씨앗이 땅에 떨어져 죽으면 많은 열매를 거두리라'는 말씀의 살아 있는 증거입니다. 순교의 피의 능력은 섬사람들의 당연한 숙명이라 받아들였던 사술과 미신의 어두운 올무를 끊고 증도를 빛과 소금의 보물섬으로 거듭나게 하였습니다. 한국 교회사에 지워지지 않을 선명한 순교의 발자취를 남긴 문준경 전도사님의 놀라운 사역과 열매가 생생하게 살아 숨 쉬는 이 책은 우리 민족의 순교적 영성과 부활 신앙의 아름다운 터전이 될 것입니다. 눈에 보일 듯 그려지는 명미한 섬의 풍광은 지금이라도 증도로 달려가고 싶은 마음을 불러일으키고, 가슴 벅찬 순교의 열매들은 부흥을 갈망하는 마음에 뜨거운 불을 던집니다. 문 전도사님의 삶과 사역과 순교 위로 면면히 흐르는 성령의 운행하심이 오늘 믿음의 행로 중에 있는 한국 교회 모든 성도들의 마음속에 시대를 압도하는 능력의 역사를 경험하게 해줄 것입니다. _ 오정현 목사(사랑의교회)

문준경 전도사님의 간증을 읽으며 예수님의 발아래 엎드려 옥합을 깨뜨린 마리아의 헌신을 생각합니다. 무시와 천대 속에서도 가장 귀한 것으로 주님께 헌신한 마리아처럼, 외롭고 험난한 가운데 자신의 삶을 드린 문 전도사님의 헌신이 주님이 기쁘게 받으시는 예물이 되었습니다. 책의 출간과 함께 "온 천하에 어디서든지 복음이 전파되는 곳에는 이 여자가 행한 일도 말하여 그를 기억하리라"(막 14:9) 하신 말씀을 이루심에 감사와 영광을 드립니다. 전도사님과 여러 믿음의 선배들이 보여 준 십자가 사랑이 있었기에 오늘 우리가 신앙의 풍족함을 누리게 되었습니다. 한 장, 한 장 책에 담긴 믿음의 역사를 확인할 때마다 오늘을 살아가는 우리 안에도 도전과 회복이 일어날 것입니다. _ 김양재 목사(우리들교회)

우리는 문준경 전도사님의 위대한 순교 앞에서 할 말을 잃는다. 그것은 이미 언어로 표현할 수 있는 단계를 벗어나 있기 때문이다. 그럼에도 불구하고 언어 말고는 달리 알맞은 표현의 도구가 없기에 여기 한 권의 책을 만들어 한국 교회 앞에 내놓게 되었다. 문준경 전도사님의 순교는 모성적이다. 죽음을 목전에 두고도 다른 이의 목숨을 구하기 위해 안간힘을 다하는 애절함이 있고, 자기에게 총부리를 들이대는 이를 향한 연민이 있다. 한마디로 모두를 한 품에 품는 아름다운 모성으로 가득하다. 문준경 전도사님의 순교는 포월적이다. 이념적 대립이나 민족이라는 개념마저 초월한 포월의 영성을 보게 되는 바 이런 영성은 세계 순교사 어디서도 찾아보기 어렵다. 모성과 포월의 영성이 어우러진 생명의 향연, 진리 안에서 사랑이 너울너울 춤추는 한 마당 축제를 피를 튀기고 살점이 흩어지는 순교의 현장에서 보게 된다. 이러한 위대한 순교자, 성결교회의 영의 어머니를 이 책을 통하여 만나고, 그 목소리를 생생하게 듣게 되기를 바란다.

_ 이정익 목사(신촌성결교회)

교회는 선교사의 땀과 순교자의 피를 먹고 자랐다는 말이 있는데, 문준경 전도사의 삶과 증도 교회 이야기를 통해 이를 실감할 수 있었다. 순교란 말은 사전이나 역사책에서나 발견할 정도가 되어 버린 요즈음 세태에서 문 전도사의 삶과 사역 그리고 순교의 역사는 엄청난 감동과 도전이 된다. 경제가 어렵다거나 사역하는 것이 힘들다고 느끼는 것 자체가 사치스럽다는 생각이 든다. 그분의 고통스러운 가정의 삶이나 그런 가운데 이루어 낸 사역의 열매와 끝내는 죽기까지 헌신한 생애는 오늘 이 땅에 살면서 하나님의 일을 하려는 모든 성도들에게 스데반과 같은 또 다른 순교의 모델이다. 가장 복음을 전하기 어려운 곳이 바닷가나 섬이라고 들었다. 그래서 특별한 선교 전략이 필요하다는 생각을 하는데, 바로 그런 곳에 사는 대부분의 사람이 크리스천이라는 사실은 정말 놀랍다. 선교에는 전략이 필요하지만 그 이전에 무엇보다도 온전히 헌신한 한 사람의 땀과 피보다 더 효과적인 전략은 없다는 생각이 든다. 이 책을 읽으면서 사도행전의 속편을 읽는 듯한 느낌을 받았다. 초대교회를 맛보고 싶은 사람, 선교와 교회 개척의 열망을 가진 사람들에게 책을 권하고 싶다. _ 방선기 목사(이랜드 그룹 사목)

생명이 생명을 낳는 기적의 역사에 참여하는 한 사람, 하나님은 오늘도 내가 그 한 사람이 되기를 기다리신다. 이 책을 통해 우리는 한 사람의 순종으로 보여 주신, 하나님의 구원의 역사와 복음의 증거를 확실하게 만나게 될 것이다. _ 최일도 목사(다일공동체)

여기 한국 성결교회와 한국 교회 역사에 피맺힌 사연으로 많은 열매를 맺은 한 순교자의 자취가 글로 남게 되어 감히 기뻐하며 추천합니다. 무수한 순교자의 피로 하늘나라 영광스러운 꽃을 그리게 하고, 영원한 테레사 수녀로 꽃망울을 맺어 기억되며, 주민 90퍼센트 이상이 예수님을 믿는 섬으로 열매를 맺게 한, 그 이름 "죽어서 다시 살아난 증도의 어머니" 문준경 전도사님의 사연이 이 책을 통해 다시 스며나고 피어나고 맺어지고 있습니다. 한 순교자의 숭고한 희생과 값진 사랑의 삶에서 우러나온 진실한 메시지와 피 뿌린 영혼의 언어들로 써 내려간 책이기에 누구에게나 권하고 싶은 것입니다. _ 최종진 교수(전 서울신학대학교 총장)

문준경 전도사님은 그 시대 여성이 겪었을 만한 모든 시련을 딛고 일어나 승화시키는 신앙의 위대한 힘을 보인 분이었습니다. 이분의 신앙의 진가는 문 전도사님을 따르는 사람들뿐만 아니라 당시 문 전도사님을 학살하는 공산당원의 조롱을 통해서도 인정되고 있었습니다. 죽음의 시간에도 문 전도사님은 예수께서 십자가에 못 박혀 죽으실 때 받았던 조롱을 떠올림으로써 오히려 기쁨으로 순교의 길을 갈 수 있었다는 사실에서 신앙적으로 큰 도전을 받았습니다. 공산당원으로부터 들었던 "새끼를 많이 깐 씨암탉"이란 조롱은 십자가 현장에 있던 백부장이 "이는 진실로 하나님의 아들이었도다"(마 27:54)라고 고백했던 것처럼 문 전도사님의 복음적 삶에 대한 진실의 소리였습니다. 문 전도사님이 세운 교회를 통해 배출된 한국 교계의 걸출한 지도자들을 통해 하나님은 결코 순교자의 피를 헛되게 하지 않으신다는 증거를 보여 주셨습니다. 할렐루야!

_ 한영훈 목사(한영신학대학교 총장)

증도에는 증동리교회를 비롯해서 전부 열 개의 교회가 있습니다. 이 교회들 모두가 문 전도사님의 영향력으로 세워진 교회들입니다. 특이한 점은 증도에는 개신교 외에는 다른 종교가 없다는 점입니다. 불교와 천주교, 유교나 도교, 다른 샤머니즘들도 없는 온전한 복음의 땅이 되었습니다. 인구 2,200여 명 중 90퍼센트 이상이 예수를 믿는 복음의 섬이 되었습니다. 이 모든 것이 문준경 전도사님의 복음의 열정으로 인한 결과이며, 한 알의 밀알이 떨어진 후 맺어진 거룩한 열매들입니다. _ 김상원 목사(증동리교회)

전국 최고의 복음화율을 자랑하는 신앙의 보물섬 증도에서 목회한 지 벌써 20년이 된 저로서는 문준경 전도사님의 순교지를 찾아 전국에서 몰려오는 순례자들에게 증도와 문준경 전도사님에 대해 알 만치 안다고 자부하면서 안내를 하곤 했는데, 이 책을 통해 미처 알지 못했던 증도의 깊은 멋과 맛을 알게 되었습니다. 또한 문준경 전도사님의 찬송 소리가 귀에 생생하게 들리는 것처럼 심령 깊은 곳에서 은혜와 감동이 뜨겁게 치밀어 오르는 걸 느낄 수 있었습니다. 많은 성도들이 이 책을 읽고 문준경 전도사님의 순교 영성으로 마음이 뜨거워지고 순교 신앙으로 주님을 사랑하는 승리자들이 되었으면 하는 마음입니다. _ 지영태 목사(대초리교회)

천국의 섬, 증도
Jeungdo, Heavenly Island

지은이 유승준
사진 김혜경
펴낸곳 주식회사 홍성사
펴낸이 정애주
국효숙 김의연 김준표 박혜란 송민규
오민택 임영주 주예경 차길환 허은

2012. 7. 17. 초판 발행   2021. 6. 25. 3쇄 발행

등록번호 제1-499호 1977. 8. 1.
주소 (04084) 서울시 마포구 양화진4길 3   전화 02) 333-5161   팩스 02) 333-5165
홈페이지 hongsungsa.com   이메일 hsbooks@hongsungsa.com
페이스북 facebook.com/hongsungsa   양화진책방 02) 333-5161

ⓒ 유승준·김혜경, 2012

- 본문에 사용된 자료 사진은 '고 문준경 전도사 순교기념사업회', '성봉선교회', '성결교회역사연구소'에서 제공받았습니다.
- 잘못된 책은 바꿔 드립니다.   • 책값은 뒤표지에 있습니다.

ISBN 978-89-365-0301-7 (03230)